Rodulfo González

LA DIASPORA
EN EL
SOCIALISMO
DEL
SIGLO XXI
TOMO V

Isla de Margarita, Estado Nueva Esparta, Venezuela,
Julio de 2023

Publicado por primera vez por Aussie Trading 2024
Copyright © 2024 por Rodulfo González
Reservados todos los derechos.
Ninguna parte de esta publicación puede ser reproducida, almacenada o transmitida en cualquier forma o por cualquier medio, electrónico, mecánico, fotocopiar, grabar, escanear o de otro modo sin permiso por escrito del editor. Es ilegal copiar este libro, publicarlo en un sitio web o distribuirlo por cualquier otro medio sin permiso. Rodulfo González no tiene ninguna responsabilidad por la persistencia o exactitud de URL de sitios web de Internet externos o de terceros a los que se hace referencia en esta publicación y no garantiza que el contenido de dichos sitios web sea, o permanecerá, exacta o apropiada. Las denominaciones utilizadas por las empresas para distinguir sus productos suelen ser reclamados como marcas comerciales. Todas las marcas y nombres de productos utilizados en este libro y en su portada, nombres comerciales, marcas de servicio, marcas registradas son marcas registradas de sus respectivos propietarios. Los editores y el libro no están asociados con ningún producto o proveedor mencionado en este libro. Ninguna de las empresas u organizaciones a las que se hace referencia en el libro lo han respaldado.
Catálogo de la Biblioteca del Congreso
Nombre: Rodulfo González, 1935-
ISBN: 979-8-3305-9098-8 (paperback)
ISBN: 979-8-3305-9100-8 (e-book)
Primera edición
Diagramación de Juan Rodulfo
Arte de portada por Valeria Magallanes
Producción: CENTRO DE INVESTIGACIONES CULTURALES DEL ESTADO NUEVA ESPARTA (CICUNE)
cicune@gmail.com
Impreso en EE. UU.

cicune.org

cicune.org

CONTENIDO

ASESINADOS EN BRASIL 7
RESCATADAS DOS VÍCTIMAS DE LA TRATA DE PERSONAS 9
24 VENEZOLANOS RESCATADOS EN OPERATIVOS CONTRA REDES DE TRATA DE PERSONAS 11
CRUZANDO EL DARIÉN 13
NIÑOS Y ADOLESCENTES MIGRANTES 17
UN PAÍS EN FUGA 19
TRAGADOS POR LAS AGUAS DEL MAR CARIBE .. 23
CASI OCHO MILLONES DE MIGRANTES 25
LA DIÁSPORA ES UN ESLABÓN DE LA CADENA DESTRUCTIVA DEL SOCIALISMO DEL SIGLO XXI 27
LOS VENEZOLANOS QUE RETORNAN AL PAÍS NO 35
LA MIGRACIÓN DEJA UN MILLÓN DE NIÑOS ABANDONADOS 37
EL INCREMENTO DE LA XENOFOBIA CONTRA LOS VENEZOLANOS EN AMÉRICA LATINA 41
LA MIGRACIÓN VENEZOLANA MEJORA LA ECONOMÍA PERUANA 45
EL PUNTO CERO DEL ÉXODO VENEZOLANO 49
UNA ASAMBLEA VECINAL DE PICHARI EN PERÚ APROBÓ LA EXPULSIÓN DE LOS MIGRANTES VENEZOLANOS 53
LOS MIGRANTES QUE DESAPARECIERON SIN LLEGAR A SUS DESTINOS 55
LA DIÁSPORA 61
LOS ORÍGENES DE LA XENOFOBIA PERUANA CONTRA LOS VENEZOLANOS 65
VÍCTIMAS DE LAS MAFIAS DE TRATA DE PERSONAS EN PERÚ 71
ECUADOR IMPONE RESTRICCIONES LEGALES 75
VENEZOLANOS EN EL SÓTANO DE MIGRACIÓN BOLIVIA 77

HUYENDO DE VENEZUELA 81
UN EDITORIAL DEL DIARIO EL COMERCIO DE PERÚ
.... 85
POLICÍA PERUANO AGREDIÓ A VENDEDOR AMBULANTE VENEZOLANO 89
MIGRANTES UNIVERSITARIOS EN ARGENTINA .. 91
MIGRANTES EN BRASIL SIN TRABAJO Y SIN ATENCIÓN MÉDICA 97
LOS MIGRANTES VENEZOLANOS TRABAJAN EN CONDICIONES INDIGNAS 99
LOS MIGRANTES DEL SECTOR SALUD FUERON FUNDAMENTALES EN AMÉRICA LATINA PARA ATENDER LA PANDEMIA 103
LA XENOFOBIA DE LA NARCODICTADURA HACIA LA DIÁSPORA 107
LA ALCALDESA DE BOGOTÁ NO QUIERE A LOS VENEZOLANOS 113
POLICÍA PERUANO ASESINÓ A VENEZOLANA EMBARAZADA 119
CAMINÓ DESDE ECUADOR A VENEZUELA CON SU PERRITA 121
PERIODISTAS EN CHILE DESTACADOS POR SU TRABAJO 125
EL BARBERO VENEZOLANO QUE SE DESTACA EN SANTA MARTA 131
PROFESORES UNIVERSITARIOS QUE SE DESTACAN 135
DELIVERY VENEZOLANO SE LAS INGENIA CON SU MOTO PARA CONSEGUIR OTRO TRABAJO EN ARGENTINA 139
LOS TEQUEÑOS LLEGARON A URUGUAY CON DOS PERIODISTAS 143
UNA CHEF PASTELERA QUE TRIUNFA EN ESTADOS UNIDOS 147
TRIUNFÓ COMO REPOSTERA EN ESTADOS UNIDOS 151

DE LAVADOR DE PLATOS EN NUEVA YORK A CHEF 155
DOCE ALCALDES COLOMBIANOS FIRMARON UN MANIFIESTO CONTRA LA XENOFOBIA HACIA MIGRANTES VENEZOLANOS 159
APORTE PANADERO VENEZOLANO A LA CAPITAL DE ARGENTINA 162
NUESTRA AREPA DELEITA LOS PALADARES ESPAÑOLES 165
EN 2022 LOS MIGRANTES VENEZOLANOS APORTARON AL FISCO DE PANAMÁ MÁS DE 200 MILLONES DE DÓLARES 169
MIGRANTE VENEZOLANA INAUGURÓ UN RESTAURANTE DE COMIDA CRIOLLA EN CATAR 171
UN VENEZOLANO QUE ARMA COMPUTADORAS EN PERÚ 173
EPÍLOGO 177
EL AUTOR 181

cicune.org

ASESINADOS EN BRASIL

El 17 de febrero de 2021 el diario La Verdad de Vargas, de La Guaira, reportó:

-Dos venezolanos murieron a tiros la tarde de este martes en el barrio de Sao Vicente, al sur de Boa Vista, Brasil, luego de que el lunes fuera asesinado con 27 disparos otro connacional en el mismo barrio, y de que el miércoles 10 perdiera la vida Jeferson Jesús Tabata (26) por disparos en la cabeza y espalda en Caxambú, también en la capital de Roraima.

La fuente añadió:

-Las víctimas de este martes son Lucart Carrasquel (24), y Luis Fernando (22), quienes se encontraban cerca de un bar cuando los atacantes llegaron en una moto, se detuvieron y dispararon. Uno de los venezolanos murió en el acto y el otro camino a la sala de emergencias. El hecho dejó a otros dos heridos, que fueron llevados al hospital Francisco Elesbao.

Antes, a las 7:30 pm del lunes 15, un connacional de 28 años que no ha sido identificado recibió 27 disparos cuando se encontraba en las afueras de un hotel, sentado en una mecedora mientras compartía con su novia y otras personas.

Bárbara Orozco, de Impacto Venezuela, reportó el 19 de noviembre de 2022:

-Un venezolano, identificado como José Ángel Rangel, de 23 años, fue asesinado la tarde del pasado miércoles 16 de

cicune.org

noviembre en la Rúa Campo Grande, en el barrio Redención, en la zona Medio Oeste de Manaus, Brasil.

Y añadió:

-De acuerdo con información preliminar, la víctima estaba junto a su vehículo modelo Prisma color blanco frente a un restaurante, cuando fue sorprendido por los ocupantes de un automóvil modelo Renault Logan, quienes después le dispararon, reseñó Laranjeiras News.

El 14 de febrero de 2023 Rafael A., del portal El Diario reseñó el asesinato del migrante venezolano Marcelo Antonio Lárez González, de 21 años, al recibir un disparo en el pecho tras sostener una discusión con el dueño de la vivienda donde vivía, supuestamente motivada por una deuda de 100 reales (alrededor de 19 dólares), en Sao Paulo, Brasil.

-La víctima –agregó- se desempeñaba como ayudante de albañil y era el responsable de mantener a su esposa y sus cuatro hijos.

El presunto homicida se trata de un plomero identificado como Alberto Pimentel de Oliveira, 41 años, que se dio a la fuga tras cometer el crimen, pero logró ser detenido por la Policía Civil de ese país.

RESCATADAS DOS VÍCTIMAS DE LA TRATA DE PERSONAS

El 10 de febrero de 2023 TalCual, con información del director del Cuerpo de Investigaciones Científicas, Penales y Criminalísticas (CICPC) Douglas Rico, reportó el rescate, por parte de efectivos de ese organismo policial, de dos adolescentes de 15 y 16 años, reportadas como personas desaparecidas en Maturín, Estado Monagas.

Según Rico, se comprobó que las jóvenes eran víctimas de una red de trata de personas.

-Después de recibir las denuncias de los familiares de las adolescentes, -explicó- el CICPC inició las labores de búsqueda e investigación llegando al sector La Salina del Municipio Valdez, en el Estado Sucre. Las jóvenes se encontraban en compañía de otra adolescente de 17 años, que las captó a través de las redes sociales.

Durante el procedimiento se incautó como evidencia dos bidones contentivos de combustible, que le serían entregados al resto del grupo delictivo que se encargaría de llevar a las víctimas hacia la Isla de Trinidad y Tobago, a fin de ser explotadas sexualmente.

Finalmente, El Diario apuntó que "Por estos hechos, se inició la búsqueda para su captura de Francisco González, apodado "El Nene"; Runión González, Emilio Martínez González, Francelis Acosta y otra joven de 17 años.

24 VENEZOLANOS RESCATADOS EN OPERATIVOS CONTRA REDES DE TRATA DE PERSONAS

El 10 de febrero de 2023TalCual, con información de la agencia de noticias EFE reportó:

-En Brasil 24 venezolanos fueron rescatados en condiciones similares a la esclavitud. La operación de rescate de estas personas víctimas de trata de personas contó con el apoyo diversos órganos y fuerzas de seguridad, empezó el martes 7 de febrero y terminó el viernes 10 de febrero.

La fuente, tras explicar que las víctimas eran sometidas a condiciones similares a la esclavitud, indicó:

-El grupo de inmigrantes era explotado "en actividades para la construcción de alojamientos y depósitos, en Rio do Sul", un municipio del estado de Santa Catarina señaló el Ministerio de Trabajo de Brasil en un comunicado.

Y añadió:

-La operación de rescate, que contó con el apoyo de diversos órganos y fuerzas de seguridad, empezó el martes 7 de febrero y terminó el viernes 10 de febrero.

cicune.org

El coordinador del operativo, Joel Darcie, indicó que los venezolanos trabajaban en condiciones degradantes y "en la más absoluta informalidad".

"Los instalaron en habitaciones improvisadas, sin camas, ni baño. Residían en un local improvisado por una semana, mientras trabajaban en la construcción ", describió el auditor-fiscal. Agregó que en uno de los cuartos encontraron "dos bebés con cuatro días de vida, hijos gemelos de uno de los trabajadores".

Luego detalló que los venezolanos residían en las ciudades de Chapecó e Itapiranga y se enteraron de la oferta de empleo a partir de una publicación en una red social, "dirigida exclusivamente" para ciudadanos de esa nacionalidad.

-La oferta –observó- incluía un salario mensual de hasta 3.000 reales (unos 570 dólares) para "venezolanos refugiados en Brasil", así como alojamiento y comida suministrada por la empresa.

El Diario igualmente precisó que las autoridades brasileñas trasladaron a hoteles de la región a los trabajadores y obligaron a la empresa a pagar los derechos laborales de los mismos, que alcanzaron un valor de 240.000 reales (45.700 dólares).

-Según datos oficiales, -refirió- Brasil rescató el año pasado a 2.575 trabajadores en condiciones análogas a la esclavitud, en diversas operaciones de fiscalización, lo que supuso un incremento del 31 % frente a 2021.

CRUZANDO EL DARIÉN

El 9 de febrero de 2023 la periodista Andreína B., del portal El Diario, con información de la agencia EFE, reseñó que desde enero hasta esa fecha habían cruzado el Darién, según las autoridades panameñas, más de 3.500 venezolanos han cruzado el Darién en lo que va de 2023, casi el 10% de los migrantes de distintas nacionalidades que hicieron el trayecto en igual tiempo.

-Más de 31.000 migrantes que viajan hacia Estados Unidos (EE UU) –indicó- han cruzado en lo que va de año la selva del Darién, la frontera natural entre Colombia y Panamá. Es casi la misma cantidad de migrantes que se movilizaron por esta vía los primeros cinco meses de 2022, de acuerdo con las estadísticas oficiales panameñas.

Desde el 1° de enero hasta la madrugada de este miércoles 8 de febrero, un total de 31.610 migrantes en movilidad habían atravesado la jungla, de 266 kilómetros, según datos facilitados a la agencia de noticias EFE por el Servicio Nacional de Migración (SNM). Entre enero y mayo de 2022 la cifra llegó a 33.819.

El 15 % de los viajeros en lo que va de este año son "personas en especial estado de vulnerabilidad: niños, niñas y adolescentes", precisó el miércoles 8 de febrero a EFE María Isabel Saravia, la subdirectora del SNM.

Según dicha funcionaria, en 2022, la nacionalidad venezolana (150.327) lideró el paso histórico de 248.284 migrantes irregulares por la selva, seguido de Ecuador (29.356) y Haití (22.435); en 2021, fueron los haitianos, y años antes, en la crisis de 2015-2016 fueron los cubanos.

Por otro lado, conforme a datos de la Organización Internacional para las Migraciones (OIM), al menos 36 migrantes murieron ese año cuando cruzaban el Darién, donde los viajeros enfrentan los peligros propios de un entorno salvaje, animales, ríos crecidos, barrancos, así como los derivados de la presencia del crimen organizado, que ha usado la zona desde hace décadas para traficar drogas, armas y personas.

Sin embargo, la fuente advirtió que esa cifra de fallecidos es posiblemente "solo una pequeña fracción del verdadero número de vidas que se pierden.

Muchos de estos viajeros son además víctimas de robos y violencia sexual, incluidas menores de edad. En Panamá, ya se han detenido y condenado a personas responsables de estos ataques a los migrantes.

El 2 de julio de 2023 el portal Costa del Sol, con información de EFE, reportó:

-La jungla del Darién, la salvaje frontera natural entre Panamá y Colombia fue cruzada por 196.370 migrantes irregulares en el primer semestre de este año, otra cifra inédita y que casi cuadruplica a los 49.452 del mismo período de 2022, según datos oficiales panameños a las que tuvo acceso EFE este sábado.

La fuente agregó:

-100.514 de los viajeros que transitaron por la jungla entre enero y junio pasado, son venezolanos.

En la misma fecha El Nacional, con información de Univisión, del caso del niño Meiker Montaño que atravesó dicha selva para llegar a Estados Unidos llevando a cuesta un tanque de oxígeno para poder respirar.

La fuente explicó que la criatura, de 10 años, atravesó la selva del Darién y Centroamérica con la esperanza de llegar a EE UU para recibir su trasplante de corazón.

-El niño y su familia –indicó- atravesaron siete países y viajaron en el tren conocido como La Bestia para llegar hasta El Paso, Texas.

Igualmente refirió que la travesía duró tres meses.

-Este niño venezolano –detalló- viajó junto a sus dos padres, hermanas y otros familiares por la peligrosa ruta del Darién. En total, fueron 11 miembros de la familia que decidieron emigrar por un mejor futuro.

Al pequeño solo le funciona medio corazón y ha sido sometido a tres cirugías para aliviar su salud.

La familia relató para diferentes medios internacionales que atravesaron la selva en cinco días. Durante la ruta del Darién, encontraron otros migrantes que le ofrecieron ayuda.

Muchos lo ayudaron a cargar su tanque de oxígeno, incluso en algunos momentos se quedaron sin comida, pero lograron solventar el inconveniente.

cicune.org

cicune.org

NIÑOS Y ADOLESCENTES MIGRANTES

Las cifras estadísticas publicadas por el portal Descifrado el 3 de febrero de 2023, con información de Luz Dary Depablos, de La Patilla, son escalofriantes: Casi 50% de los nuevos migrantes venezolanos que cruzan hacia Colombia son niños y adolescentes.

La fuente detalló:

-Según el estudio elaborado por académicos de la Universidad Católica Andrés Bello, en el que explica que Venezuela presenta la mayor desigualdad en toda Latinoamérica, la brecha pareciera seguir creciendo, lo que deja claro que, Venezuela "no se arregló".

Cabe destacar que esta cifra solo corresponde a las personas que se acercaron a las Casas de Paso que fueron instaladas desde el Estado Barinas hasta la frontera con Colombia, donde ofrecen atención a los venezolanos que están en movilidad y cruzan este estado fronterizo, ya sea caminando o en algún tipo de transporte.

Luego advirtió:

-Aunque aún no se conocen las cifras actualizadas de los últimos dos meses, el sacerdote Ricardo Ramírez, director de Cáritas en Táchira, informó que, "en diciembre hubo un aumento de personas en movilidad, debido a que muchos de ellos retornaron al país, con el fin de reencontrarse con sus seres queridos, y probablemente aprovechan para traer mercancías o dinero para su familia. Por tanto, desde enero de este año, muchos de ellos están retornando a sus destinos de trabajo". Casi la mitad de la nueva ola de migrantes venezolanos que transitan por la frontera de Táchira son niños y adolescentes.

Igualmente precisó:

-Entre 40% y 45% de los migrantes son niños y adolescentes, no hay adultos que pasen sin niños o sin adolescentes, exponiéndose a esos riesgos de pasar por las vías", enfatizó el sacerdote de la Diócesis de San Cristóbal.

Igualmente, hizo referencia al alto porcentaje de mujeres en estado de gestación que se someten a este viacrucis.

Muchas de ellas han dado a luz en las Casas de Paso. Tenemos esa experiencia en La Pedrera, en San Lorenzo, en San Josecito, donde inmediatamente las trasladamos a un ambulatorio ahí cerca; y en San Antonio del Táchira también hemos vivido esa experiencia".

Indicó que quienes han regresado, "han visto al país igual" al que dejaron cuando se marcharon entre 2017 y 2020.

Según estadísticas oficiales de la Pastoral de la Movilidad Humana de la Iglesia Católica en Táchira, más de 10.700 venezolanos en estado de vulnerabilidad, salieron por la frontera del suroccidente de Venezuela hacia otros países entre enero y noviembre de 2022,

La fuente igualmente indicó que el gran movimiento de estos ciudadanos comenzó a percibirse nuevamente cuando fueron levantadas las medidas contra el Covid-19.

-Después de la pandemia, -según la fuente católica- estas personas se fueron con la esperanza de ir a Colombia, y si no conseguían trabajo en Colombia, se iban a Chile o a Ecuador, la mayoría de ellos no han tenido un destino", dijo el sacerdote.

Sobre el mismo tema la agencia EFE, con información del Instituto Nacional de Migración de Honduras, reseñó el 6 de julio de 2023 que en el primer semestre de ese año 9.410 menores venezolanos cruzaron dicho país rumbo a EE.UU.

UN PAÍS EN FUGA

Con toda razón la diáspora venezolana fue calificada por Carlos Canache Mata, dirigente de Acción Democrática como un país en fuga.

Lo hizo en el artículo de igual título publicado en el portal Analítica el 31 de enero de 2023, que se reproduce a continuación, por su importancia como esclarecedor del éxodo que ha llevado al exterior a casi ocho millones de personas de todas las edades, de todos los géneros y de diversos oficios y profesiones, sin que Venezuela esté en guerra externa o interna, excepto la declarada por la narcodictadura de Nicolás Maduro con el criminal propósito de establecer el socialismo del siglo XXI, en contra de la voluntad de la ciudadanía:

-En días pasados, cuando conversábamos sobre el éxodo masivo de venezolanos a países del exterior, me decía Luis José Oropeza que éramos un país en fuga, frase que tomo para titular este artículo. El 25% de la población reside en el exterior. Según ACNUR, la migración venezolana es la segunda crisis de desplazamiento externo (éxodo) de mayor magnitud en el mundo, después de la siria.

La gente se va del país porque aquí no hay democracia y porque las remuneraciones de los empleados públicos y de los trabajadores no alcanzan, según la Encuesta de

Condiciones de Vida (ENCOVI), para cubrir el costo de la Canasta Básica; y en año 2022 el 48,4% de la población vive (malvive) en pobreza extrema al no poder satisfacer el costo de la Canasta Alimentaria. En el ranking de salarios mínimos (en dólares) en América Latina, Venezuela ocupa el último lugar. De acuerdo con la tabla publicada en Focus Economics sobre el Índice de la Miseria, tomando en cuenta la inflación y la tasa de desempleo, "Venezuela ostenta el dudoso honor de proyectar su economía como 'la segunda más miserable del mundo en 2023', solo superada por Cuba, nación con la cual compartimos cabeza a cabeza desde 2016", como lo recuerda el editorial de El Nacional del 15 de diciembre de 2022.

A fines de diciembre pasado, el director general de la Organización Internacional para las Migraciones (OIM), Antonio Vitorino, declaró y pidió, en entrevista a la agencia EFE, "que la guerra de Ucrania no deje que se olviden otras crisis humanitarias, como la provocada por el éxodo venezolano. Entre otras cosas, afirmó que "claramente" se inscriben "la situación de Venezuela" y el impacto que tiene en casi toda América Latina, que impone "necesidades humanitarias urgentes". Señaló que, entre otros países, actualmente se estima que hay unos 2,5 millones de migrantes venezolanos en Colombia, unos 1,7 millones en Perú, otros 400.000 en Brasil e igual número en Chile, y cerca de 700.00 en Ecuador.

En las selvas del Darién, un inhóspito territorio que separa a Colombia de Panamá, convertido en ruta para el tráfico de personas, en el año 2021, según datos de la OIM, fue atravesado por 133.000 personas, número equivalente al que pasó por esa zona en los diez años anteriores, y que en 2022 esa cifra subió a cerca de 250.000. Según Vitorino, alrededor del 60% de quienes arriesgan sus vidas en el Darién son venezolanos, con la esperanza de llegar a Estados Unidos. Las redes del tráfico de personas "hacen su negocio a costa de la vulnerabilidad humana". Hay víctimas que quedan dentro de la selva y en el año 2022, "en la región del Caribe fueron hallados 321 migrantes muertos". Las comunidades de acogida a los venezolanos sufren una presión fuerte, pues "ven llegar un significativo número de personas que tienen derechos y desbordan la capacidad de los servicios sociales", dijo Vitorino.

Durante la gestión del expresidente Donald Trump se adoptó la medida, conocida como Título 42, conforme a la cual se deporta inmediatamente a migrantes ilegales. La Corte Suprema de EE.UU. decidió, a finales de diciembre, que seguiría vigente, por lo que el Departamento de Seguridad Nacional (DHS, en inglés) advirtió a "los ciudadanos venezolanos que intenten entrar en EE. UU. por zonas ubicadas entre los puertos de ingreso también siguen siendo devueltos a México".

Quienes deben irse del país no son los venezolanos. Es Nicolás Maduro quien debe irse del poder que usurpa.

No basta sólo que Nicolás Maduro salga del poder para restituirle al pueblo sus derechos secuestrados, sino que simultáneamente él y el resto de los integrantes de la corporación criminal que preside deben responder de los delios de lesa humanidad ante la Corte Penal Internacional, si es que este organismo toma la decisión de actuar en consecuencia

---

TRAGADOS POR LAS AGUAS DEL MAR CARIBE

El 25 de enero de 2023 el portal AlNavío reportó:

-Al menos 25 migrantes de Venezuela murieron o desaparecieron en las aguas del Caribe durante 2022 tratando de huir de la crisis de su país, de acuerdo con datos que reporta la Organización Internacional para las Migraciones (OIM).

CASI OCHO MILLONES DE MIGRANTES

Las estadísticas sobre los venezolanos que migran al exterior en la búsqueda de la calidad de vida que el socialismo les secuestró, aumentan diariamente. La apertura de la frontera de Venezuela con Colombia ha facilitado ese proceso migratorio que pareciera no tener fin.

El sociólogo Tomás Páez, coordinador del Observatorio de la Diáspora Venezolana (ODV), en declaraciones suministradas a Radio Fe y Alegría el 27 de febrero de 2023, advirtió que desde 2013 se evidencia un aumento en el número de venezolanos que salen del país y que, de acuerdo con sus registros, hay ciudadanos que salieron del territorio nacional que están radicados en 90 naciones.

Agregó que unos ocho millones de personas, equivalentes al 22% de la población del país, han salido del territorio nacional en busca de una mejor calidad de vida.

Igualmente indicó en la entrevista, reproducida por TalCual, que de ese total de venezolanos fuera del país, unos 50 mil han pedido asilo en España y casi 8.000 personas han cruzado el peligroso paso de la selva del Darién en los dos primeros meses de 2023.

cicune.org

A su juicio, avizora que ese flujo migratorio se detenga, sino más bien empeore debido al continuo deterioro de la economía y las demás condiciones en Venezuela que afectan la calidad de vida, enfatizando que hay un flujo de migrantes a países de Latinoamérica como Brasil, Uruguay, Aruba, Trinidad y Tobago, Curazao, Colombia, Panamá, México e incluso, Estados Unidos.

-El venezolano que sale del país hoy en día –explicó- es alguien empobrecido y deprimido.

LA DIÁSPORA ES UN ESLABÓN DE LA CADENA DESTRUCTIVA DEL SOCIALISMO DEL SIGLO XXI

En el reportaje "Del Plan B al retorno congelado", publicado en el portal La Gran Aldea el 16 de enero de 2023, su autor, el periodista Javier Conde, comenzó señalando:

-La enorme migración venezolana -la más grande del mundo occidental- es uno de los más hondos desgarros producidos por la acción sistemática de destrucción, en todos los órdenes, del régimen que domina a su antojo en Venezuela. Pero también esos millones de venezolanos en el exterior (7,5, el 22% de la población) son una reserva de talento que se abre paso en medio mundo: 90 países y contando. El Observatorio Venezolano de la Diáspora y la Red Global de la Diáspora proponen cambiar la mirada sobre este fenómeno y potenciar su aporte a la reconstrucción de Venezuela.

Y agregó:

-Entre quien habla a continuación y quien escribe -uno en Madrid, otro en Galicia– hay una historia casi calcada que se desenvolvió por su cuenta mucho antes de compartir vecindad en Cumbres de Curumo -sureste de Caracas- en la década del 90 del siglo pasado, mientras nuestros hijos aprendían y crecían juntos en el Colegio Simón Bolívar de la prodigiosa Elizabeth Connell. Nuestras familias emigraron casi al mismo tiempo desde una pequeña ciudad de la isla de Tenerife y desde una aldea marinera y labriega de la costa gallega a Caracas y 60 o más años más tarde aquellos críos, nosotros, ahora padres y abuelos, retornaron porque quizá no había otra al terruño donde nacieron. Seremos venezolanos para siempre -ni se lo pregunto, lo afirmo por similitud- en el habla, las arepas del desayuno, el paisaje urbano de esquinas y jergas, los afectos y los muertos que enterramos.

La carga puede ser similar a la que viajó en la maleta iniciática, acompañada también del temor, la incertidumbre y el deseo de echar para adelante. Es lo que hacen las diásporas, incluso estas de ida y vuelta. De volver a empezar.

"90 países, 400 ciudades, la nueva geografía venezolana, esa reserva internacional de talento y ganas con pasaporte venezolano, cuando se puede, pero de inconfundible habla criolla"

Luego apuntó:

-Tomás Páez Bravo es un venezolano nacido en Puerto de la Cruz en Santa Cruz de Tenerife, como ahora habrá miles de españoles, colombianos, gringos y chinos -para ahorrar espacio y no nombrar los 400 destinos de nuestra diáspora- nacidos en Venezuela. Su familia se instaló muy pronto en La Carlota, en un ambiente de varias migraciones. Recuerda el edificio Internacional, que en los bajos tenía una barbería atendida por un italiano, una quincallería de españoles y el café que mañanas y tardes servían unos canarios. En su adolescencia estudió en el Liceo Carlos Soublette al que acudían muchachos y chicas de San Bernardino, Sarría, Pedro Camejo, Simón Rodríguez; hizo amigos sirios, libaneses, caribeños y más adelante, en la Universidad Central de Venezuela (UCV), la profesora Jeannette Abouhamad le dejó marcas en el alma. En un refugio en España se topó y entrevistó a un músico venezolano quien le contó que siempre vivió en un mundo diverso y eso le facilitaba la adaptación. Como encontrarse con su propia historia, con el portugués del abasto, el italiano de la barbería, o el chileno con el itinerario de su exilio y desgarro. "Venezuela siempre fue un país muy plural", dice, desdramatizando la diáspora de aquel país, nuestro país, que ahora descubre y construye una nueva geografía.

Sociólogo, con Doctorado en Planificación en el University College de Londres, uno de los fundadores del Movimiento de Calidad y Productividad para Venezuela y los países andinos, exfuncionario del Ministerio de Fomento en el ámbito de la planificación en la administración de Luis Herrera Campíns, Tomás Páez Bravo ha hecho de la diáspora venezolana su objeto de estudio desde el Observatorio Venezolano de la Diáspora y la Red Global de la Diáspora. Como si el destino, el plan que alguien fraguó y nunca imaginamos, lo devolvió al mundo plural, diverso, de historias sinfín, de la diáspora.

Pero, por qué, cómo y cuándo inicia Tomás Páez su trabajo en el Observatorio Venezolano de la Diáspora, y dedica sus afanes a escudriñar un fenómeno que no le es nuevo, pero sí insólito en el país que fue, desde que hay memoria, una casa para inmigrantes venidos de medio mundo.

Después explicó:

-El interés por el tema comienza casi que en el día uno que este gobierno llegó al poder en 1998. Las primeras reacciones eran de gente que decía "aquí llegó el comunismo, hay que irse". Personas que ponían en venta sus apartamentos, locales comerciales, negocios, etc., porque, decían, va a venir la escasez de alimentos y medicinas. Esa era la conversa después del discurso de Chávez el 6D (la noche de su victoria hace 24 años). Luego se volvió un tema recurrente en las casas, sorprendía que padres y abuelos aconsejaran a los jóvenes a salir, a estudiar, a formarse, en un país en el que el vínculo familiar tiene mucho peso. Todo se fue agudizando con el fracaso que seguía a cada evento político: la gran marcha de 2002; los días del 11 al 13 de abril de aquel año; luego el paro petrolero; el referendo revocatorio; la confiscación de RCTV. Las cosas fueron in crescendo y la gente se iba yendo hasta que la salida se volvió masiva, se fueron pensionados y jubilados, empresarios que desmontaron sus empresas para volverlas a instalar en Colombia, por ejemplo, estudiantes. El Plan B se volvió una constante y se ejecutó.

En Estados Unidos el ingreso promedio del migrante venezolano es superior al del migrante latinoamericano, y en años de escolaridad por encima incluso de estados del país de acogida".
Organización Internacional para las Migraciones (OIM)

En el siguiente segmento del reportaje expresó:
-En algún momento Páez Bravo viaja a Francia a encontrarse con un amigo de siempre y en la conversa surgió el tema vivo y escurridizo de la diáspora y de la necesidad de su estudio, que no estaba siendo abordado en la dimensión que ellos pensaban abarcaba el fenómeno de la migración venezolana. Había algunas cosas documentadas sobre la salida de científicos, de profesores que se iban a otras universidades en el exterior, pero no un estudio global.

"Lo que existía nos parecía que tenía enfoques insuficientes e inadecuados. Una idea muy extendida era el de 'la fuga de cerebros'. Pero no, eso no existe, fue un invento de los países de la órbita soviética para impedir la movilidad humana, cercenar ese derecho después de la Segunda Guerra Mundial cuando el mundo se dividió en dos mundos. De manera que lo que hicimos fue ponernos de acuerdo en el enfoque con el que íbamos a trabajar el tema. Primero, ver el caso venezolano, un territorio que durante 500 años recibió inmigración de todos lados y con ella se hizo grande: las migraciones aportan diseño, vivienda, consumo, productividad y si eso ocurrió con las que recibimos no tenía por qué ser diferente en nuestro caso. La diáspora es, por tanto, un hecho humano. En segundo lugar, reduce la pobreza global; y, en tercer lugar, beneficia al inmigrante mismo y a los países tanto de acogida como de origen en múltiples vías y razones que están documentadas".

Páez Bravo y sus amigos, en distintos puntos del planeta y en la propia Venezuela, también anotaron otro rasgo relacionado con la diáspora: el desprecio y la xenofobia del gobierno venezolano que ni siquiera se tomaba la molestia de aportar cifras sobre el fenómeno migratorio. Como tampoco lo hace sobre la inseguridad, la desnutrición, los crímenes machistas, la hiperinflación. Sí cuenta, en cambio, los petrodólares bloqueados en el sistema financiero internacional.

7,5 millones de venezolanos para inicios de este año 2023 que están fuera, 22% de la población del país. La misma cantidad de habitantes que Venezuela tenía en 1960, dos veces la población de Uruguay ahora mismo, más que todos los de Noruega

De igual modo Javier Conde puntualizó:

-Hasta el año 2013 la salida anual de personas desde Venezuela se estimaba en 120 mil por año; pero ese mismo año -cuando Nicolás Maduro sucede a Hugo Chávez en el poder- la cifra se dispara hasta 1,3 millones, demasiado para un país que siempre cobijó a inmigrantes europeos y asiáticos, de naciones del Caribe y de países de Sudamérica atrapados por las penurias y regímenes militares de terror.

"Entonces, dijimos, la diáspora es un activo de Venezuela, una reserva internacional con la que cuenta el país, que sumadas a las reservas que están dentro, los que se quedaron en el mapa que conocemos, van a poder participar juntas en la recuperación del país porque, en esa reconstrucción se va a necesitar a todos los venezolanos sin distingos de ideología, de posiciones. Al final, lo que interesa es tener un país que es de todos. Plural, como siempre ha sido Venezuela".

> *En muchos de estos países donde sus ciudadanos encontraron refugio en Venezuela, ahora a los venezolanos los hacen objetos de xenofobia, y sobre todo de aporofobia, como Chile, Perú y Ecuador, por citar tres países que en momentos de fatalidad disfrutaron de la generosidad venezolana. En Ecuador, un amigo se tuvo que regresar a nuestro país porque montó un negocito de sobrevivencia y los ecuatorianos, por ser migrante venezolano, no le compraban nada*

Seguidamente, en el intertítulo "¿Cuál es la tipología de esos venezolanos que han emigrado?", Conde refirió:

-En primer lugar, la inmigración es joven, son los primeros que salen adelante, gente con capacidad de emprender y que está dispuesta a vivir una nueva realidad. Se concentra en un rango de edad entre los 18 y los 40 años, quizá un poco más. Luego se producen los efectos llamada, los hijos se traen a los padres o, a sus propios hijos, que dejaron atrás, se calcula que 1,5 millones de niños y jóvenes se quedaron en el país mientras el padre o la madre se establecía. Muchos de quienes se iban tenían empresas desde restaurantes hasta compañías productoras de bienes y servicios, una gran cantidad eran trabajadores por cuenta propia que tenían su bufete de abogados, su consultorio de sicólogo, ingenieros, con oficinas para realizar asesorías gerenciales o empresariales. Hay una gran diversidad, en la cual ahora se ha reducido el porcentaje de estudiantes. También desempleados que se incorporan a la economía informal en varios países latinoamericanos. Mucha gente dice con cierto desprecio que los venezolanos son trabajadores informales en Perú y Colombia, y cuando se ven las estadísticas de esos países se observa que más del 50% de las personas viven de la economía informal, ¿dónde iban a caer entonces los venezolanos inmigrantes? Ese sector, además, tiene una gran capacidad emprendedora, como muestran los estudios.

Los estudios y perfiles realizados por la Organización Internacional para las Migraciones (OIM), junto con el proyecto de las Naciones Unidas para coordinar el tema de la migración venezolana en América Latina, aporta otros rasgos. Los años de escolaridad de los venezolanos que migraron están a la par o por encima de los países de acogida. En cuanto a hombres y mujeres depende del país, pero, es general, una distribución homogénea, 52% de hombres, aunque en algunas naciones prevalece la mujer. En Estados Unidos el ingreso promedio del migrante venezolano es superior al del migrante latinoamericano, y en años de escolaridad por encima incluso de estados del país de acogida.

Con respecto al destino de los migrantes Páez Bravo le reveló:

-En relación con los destinos, hasta 2015 Estados Unidos aparecía en primer lugar, seguido de España. En América Latina, Colombia y de manera tímida Argentina y Chile. Pero en el 2016 hubo un salto olímpico.

Hay varias explicaciones para esa situación. Una de ellas es que en 2014 y 2015 por las deudas que tenía el régimen venezolano con las líneas aéreas, se produce el cierre de ellas, que ya no prestaban su servicio. Llegamos a tener menos vuelos desde y hacia Venezuela de los que tenía Haití, que siempre ha sido símbolo de gran pobreza. Además, los pasajes se volvieron costosísimos. Mientras hubo algo, ingresar

Estados Unidos era un destino lógico con el que nos unía una relación histórica por el béisbol, el petróleo, no digamos Disney, al igual que con España, Italia y Portugal, para desandar los pasos de abuelos y padres y porque siempre había un primo, una relación, en Canarias, Galicia, Funchal, Calabria, Salerno, Líbano o incluso China. Pero en 2016 no hay plata, no hay vuelos, el proceso de destrucción del país se hace aún más hondo y terrible y la gente comienza a migrar a pie, en autobús, en peñeros que salen de oriente hacia Trinidad o de Falcón hacia Curazao y Aruba, donde siempre hubo una relación por proximidad e historia.

LOS VENEZOLANOS QUE RETORNAN AL PAÍS NO SON BIOTERRORISTAS

En julio de 2020 el sacerdote jesuita Numan Molina, de tendencia chavista tildó de bioterroristas a los migrantes venezolanos que han retornado al país cruzando los pasos ilegales en el eje de frontera.

Al respecto, la periodista Maryerlin Villanueva, de La Prensa de Táchira, entrevistó al obispo Mario Moronta, quien declaró:

-Me resulta inexplicable y escandaloso escuchar de un hermano sacerdote expresiones no sólo ofensivas y

degradantes sino también calumniosas contra hermanos nuestros que, a su situación de indefensión y pobreza, deben añadir el menosprecio de quienes deberían atenderlos dignamente a su retorno a la patria.

Y añadió:

Rechazó que un miembro de la Iglesia se haga vocero de las mismas expresiones del Gobierno nacional con este tipo de calificaciones que solo provocan vergüenza, resaltando que no todos lo que regresan lo hacen por trochas.

No entiendo cómo un hermano sacerdote pueda llegar a decir todo eso de unos seres humanos que vienen con indefensión y que tenían, al menos la ilusión de ser atendidos con caridad por quienes tienen la obligación de atenderlos.

Yo desearía, aunque creo que es mucho pedir, que quien habló de "trocheros infectados bioterroristas hiciera un gesto hacia ellos, como lo es pedirles perdón públicamente y por qué no, de rodillas".

La autoridad eclesiástica del Estado Táchira indicó igualmente que quizás ese "hermano" desconoce los controles policiales y militares que son ejercidos en los municipios fronterizos, además, el poder de los grupos armados en los caminos verdes que comunican a Venezuela y Colombia.

-Me duele con dolor de pastor –expresó el obispo Moronta- que se exprese así de los hermanos nuestros, quienes se han convertido en migrantes por la extrema necesidad de sobrevivir y que ahora, al regresar a su país se les trata como forasteros peligrosos… Molina desconoce la labor que viene realizando la Diócesis de Cúcuta y Cáritas, quienes han ofrecido una mano a los connacionales, a través de la entrega de alimentos.

De igual modo manifestó que no podía permanecer callado ante "el esperpento de esa declaración calumniosa".

En España en 2019 vivían 721.556 migrantes menores de edad, de los que casi 147.000 lo hacían indocumentados y de los cuales 14.817 proceden de Venezuela.

---

cicune.org

LA MIGRACIÓN DEJA UN MILLÓN DE NIÑOS ABANDONADOS

Los niños son las víctimas más vulnerables de la estampida migratoria venezolana, tanto los que se quedan en el país al cuidado de familiares como los que nacen en el exterior.

Para Abel Sarabia, coordinador de la ONG CECODAP "Estamos ante un problema de dimensión nacional que no solo define a la Venezuela que somos hoy, sino la que seremos dentro de 30 años".

En un extenso reportaje publicado en el portal Panam Post el 20 de noviembre de 2019, la también migrante Sabrina Martín, señaló:

-Casi un millón de niños en Venezuela se han quedado sin el cuidado de sus padres tras la crisis humanitaria que ha obligado a millones de venezolanos a migrar para buscar nuevos rumbos. Un estudio realizado por la ONG CECODAP y la encuestadora Datanálisis señala que entre 930 020 y 943 117 niños y adolescentes ahora viven con sus abuelos, tíos, hermanos mayores o terceros, mientras sus padres intentan establecerse en otros países.

#SomosNoticia En la última encuesta, realizada por @datanalisis para @Cecodap se encontró que 30,3% de las familias reporta que al menos un miembro del hogar ha migrado en los últimos cinco años

Luego detalló:

-El estudio reveló un aumento del 9,54 % de niños dejados atrás con respecto a 2018, cuando se contabilizaron 849 000 menores. Esto significa que por lo menos 80 000 niños y adolescentes más que el año pasado están sin sus padres. "Esta situación nos plantea que uno de cada cinco migrantes deja al menos un niño atrás", expresó Abel Sarabia, coordinador de CECODAP al presentar las estimaciones.

Un millón de niños equivalente a la población completa de Nueva Esparta, uno de los estados del país; también es comparable con la sumatoria poblacional de los estados Vargas y Cojedes.

Sarabia advirtió al respecto;

-Estamos ante un problema de dimensión nacional que no solo define a la Venezuela que somos hoy, sino la que seremos dentro de 30 años, son niños que tienen sensación de abandono al ver partir a papá, mamá o ambos.

La escandalosa cifra representa el 10 % de la población infantil que hay en Venezuela; un número de niños afectados emocionalmente al tener que alejarse de sus padres, quienes desde el exterior ha buscado la manera de hacerles llegar manutención debido a que en el país suramericano el salario mensual no supera los 5 dólares.

Por su parte, la periodista apuntó:

-El estudio también da cuenta del impacto emocional que ha causado el parcial abandono de estos niños. Señala que alrededor de 78,4 % de los entrevistados manifestó haber presentado algún cambio en la conducta, como llanto recurrente, permanecen callados o desanimados, desean no estar solos y disminuyeron su rendimiento académico.

Otro punto de la investigación señala que los padres migrantes envían entre 10 y 50 dólares para la manutención de sus hijos, aun cuando en una familia se requieren al menos 140 dólares al mes para cubrir la canasta alimentaria.

Sobre esos montos el activista afirmó que deja a los niños en la línea de la pobreza.

EL INCREMENTO DE LA XENOFOBIA CONTRA LOS VENEZOLANOS EN AMÉRICA LATINA

Lo insólito del odio hacia los venezolanos forzados a emigrar por la narcodictadura de Nicolás Maduro, es que estos eventos se produzcan en países cuyos ciudadanos fueron recibidos con los brazos abiertos en Venezuela cuando enfrentaban calamidades políticas o económicas.

Pero así paga el Diablo, sentencia la sabiduría popular.

El 15 de mayo de 2021 la Agencia de Noticias France Press analizó ese fenómeno en el reportaje "Por mí que los saquen como ratas: La xenofobia contra los venezolanos incrementa en América Latina".

Creo que ese odio hacia la migración venezolana debe calificarse como aporofobia, porque antes de la crisis humanitaria inducida por la narcodictadura para imponer en la población su siniestro proyecto político los venezolanos viajaban a

todas partes y eran bien recibidos ya que la economía de los países visitados crecía con el dinero que gastaban en los sitios visitados

El texto periodístico comenzó así:
-"¿La verdad sobre los venecos? Por mí que los saquen como ratas". Ese tuit es sólo uno de los mensajes destacados por el barómetro de xenofobia, una herramienta creada por universitarios y oenegés en Colombia para medir el "odio" contra los migrantes venezolanos. El contenido aterra.
"Comemierdas", "hijos de puta", "plaga" fueron otros de los insultos identificados por este medidor. El rechazo hacia los venezolanos que han emigrado masivamente en los últimos años crece en toda América Latina en un contexto económico sombrío y la pandemia del coronavirus.
Y continuó:
-Las salidas comenzaron luego de la elección de Nicolás Maduro, el heredero de Hugo Chávez tras su muerte en 2013, y se intensificó entre 2014 y 2015, con una crisis económica que arruinó el poder adquisitivo y llevó a más de cinco millones de venezolanos a abandonar el país en busca de mejores condiciones.

La versión oficial de la muerte del teniente coronel retirado Hugo Chávez refiere que se produjo el 5 de marzo de 2013. La no oficial la sitúa el 28 de diciembre de 2012, en La Habana. Por otro lado, a la fecha de redacción de este capítulo, 13 de junio de 2023. el éxodo venezolano superaba los siete millones, con tendencia a subir cada día

cicune.org

El flujo se ha ralentizado, pero no se ha detenido al transitar el octavo año de recesión económica en la otrora potencia petrolera.

Luego destacó:

-"En principio había una inmigración de clase media alta, que iba en avión con documentos en regla, algún ahorro", explica a la AFP Claudia Vargas, socióloga que investiga el tema en la Universidad Simón Bolívar de Caracas.

"No ocurre así desde el final de 2014" cuando clases más pobres comenzaron a emigrar.

Cerca del 60% de los más de 5,4 millones de migrantes venezolanos no tienen papeles. Y la mayoría, unos 1,7 millones, vive en Colombia, por delante de Perú, Chile y Ecuador, según el sitio Frontera Viva.

"Lo peor es Perú".

"venecos" ahora son responsabilizados por la inseguridad, la delincuencia, el desempleo, los déficits públicos, los problemas en los hospitales, y hasta por el aumento en los divorcios.

Y el discurso xenófobo se ha ido imponiendo en Chile, Ecuador, Brasil y Perú, además de Colombia, donde el barómetro ha hecho un análisis de los insultos.

Seguidamente citó:

-Juan Emilio L., un indocumentado venezolano de 31 años, terminó instalándose en Chile, tras pasar por Colombia, Ecuador y Perú.

-"Es un pueblo más cerrado y está difícil sacar papeles, pero la verdad es que te dejan trabajar y no se meten contigo ni te repudian como sí me pasó en otros países", dice a la AFP. "El peor, Perú, ahí no nos quieren ver ni en pintura".

Y señaló igualmente:

-Videos de peruanos insultando a venezolanos circulan con frecuencia en redes sociales.

"¿Por qué eres tan idiota para transportar las 'huevadas'? Eres un imbécil, un idiota", le dice por ejemplo un cliente a un repartidor venezolano en Lima, según uno de ellos.

cicune.org

"Estoy harto de ustedes (...) ¿Quieres que te mande de un combo (puñetazo) a tu puto país, hijo de puta?".

Perú, que tenía 60.000 venezolanos antes de la crisis, ahora alberga a unos 1,2 millones.

Chile por su parte ha deportado a cientos de venezolanos en situación irregular.

Al respecto, la antes citada Claudia Vargas expresó:

-"Devuelves a una persona a un país (...) que has reconocido en tu discurso político que corren peligro en su país".

También se refirió al cierre de las fronteras y puso como ejemplo la militarización de la frontera en Ecuador o los "muros legales", como documentos apostillados o altas tarifas administrativas, que dice han impuesto muchos países para dificultar la regularización.

Lo que a su juicio lo único que genera es que haya mayor irregularidad y por tanto más personas en condiciones de vulnerabilidad.

Consideró de igual modo que "Hay un reconocimiento de la crisis", que "amerita una responsabilidad añadida", aunque lo ideal sería otorgar el estatus de refugiados a estos inmigrantes, lo cual representa "una responsabilidad legal, política y financiera demasiado grande que los países no tienen".

LA MIGRACIÓN VENEZOLANA MEJORA LA ECONOMÍA PERUANA

El 11 de octubre de 2029 Brian Contreras, de TalCual, aseguró que, pese a la explotación y desprecio, inmigrantes venezolanos mejoran la economía peruana, y agregó que el balance fiscal de los mismos es muy positivo, "Pues, el Estado adquiere mucho más de lo que gasta ofreciéndoles servicios públicos, que incluyen solo educación y salud".

Luego aclaró:

-A pesar de la campaña de los medios de comunicación peruanos, que insisten en encontrar aspectos negativos del ingreso masivo de venezolanos a Perú, el fenómeno migratorio ha generado más aspectos favorables que negativos desde un punto de vista económico, según arrojan los datos de un informe presentado por BBVA Research.

Las condiciones de los venezolanos en el ámbito laboral son paupérrimas e injustas al compararlas con las del peruano promedio. Aun así, propician un resquicio económico para el país andino en un contexto de xenofobia, rechazo y movimientos que desean cerrar sus puertas a la inmigración.

Y a continuación expresó:

-Esta realidad se traduce en datos concluyentes, como que la gran parte de la población venezolana migrante en Perú se encuentra en la edad con mayor productividad laboral. Al menos 204.000 de los 800.000 venezolanos en el país andino se encuentran en un rango de edad comprendido entre 26 y 35 años. El segundo mayor grupo, de 174.000, se ubica entre los 16 y 25 años, también con gran capacidad para el trabajo.

El enorme 'stock' de trabajadores que llegó desde Venezuela se sustenta además en su nivel educativo, ya que los inmigrantes venezolanos suman, en promedio, 13,4 años de estudio, contra los 10,5 que posee la población peruana en general. Esto se traduce en mano de obra con mayor calificación y capacitación para el mercado laboral.

Después apuntó:

-Y no se habla de una población cuantiosa y capacitada desocupada, pues las estadísticas de inserción laboral del venezolano en Perú son muy positivas para la economía peruana. Un 86% de los venezolanos en edad de trabajar -que en Perú se toma desde los 14 años en lugar de 17 como en Venezuela-, poseen algún empleo, ya sea formal o informal.

Por si fuera poco, una abrumadora mayoría de esta gran cantidad de personas insertadas en el mercado laboral trabaja en condiciones inadecuadas. Un 89% de los trabajadores dependientes no poseen contrato, y un 97% carecen de seguro de salud. Además, un 76% se emplea en empresas 'muy pequeñas', con menos de 10 trabajadores.

Y aún más, el venezolano trabaja, en promedio, un 50% más que el peruano en cantidad de horas. Pues, el oriundo de Perú labora unas 41 horas semanales, mientras que el inmigrante venezolano debe desempeñarse en su lugar de trabajo unas 60 horas semanales.

Pese al mayor esfuerzo y calificación del venezolano, además de las "facilidades contractuales" de los empleadores que no se ven en la obligación de otorgar siquiera contratos, el inmigrante adquiere un salario mensual promedio muy inferior al del peruano.

Según la data de BBVA Research, los nacionales de Perú reciben unos 1.560 soles mensuales, mientras que los inmigrantes venezolanos promedian unos 1.116 soles, casi un 30% menos".

cicune.org

EL PUNTO CERO DEL ÉXODO VENEZOLANO

De Jaime Ortega Carrascal, de la agencia EFE, es el texto que sigue publicado en el portal Panam Post:
-"En Venezuela no encuentro los medicamentos, no encuentro nada, no encuentro alimentos, no me voy a morir allá", dijo el venezolano Key Torres.

Cúcuta (Colombia), 23 oct (EFE). - La Parada es el punto cero para quienes dejan Venezuela por la crisis. A este caserío de calles polvorientas que bordea el lado colombiano del puente internacional Simón Bolívar llegan a diario miles de personas, la mayoría en escala para seguir a otro lugar y los más pobres para quedarse.

Salir de Venezuela, aunque no se tenga a dónde ir, ya es un alivio para personas como María Teresa, que dejó atrás una vida de necesidades en Caracas y se detuvo en la miseria de La Parada donde sobrevive vendiendo agua y refrescos frente al puesto de salud adscrito al Hospital Jorge Cristo Sahium, uno de los puntos más frecuentados por sus compatriotas.

A 500 metros de allí, familias enteras viven en un campamento improvisado al lado de un caño de aguas turbias que les sirven para cocinar y para que los niños se refresquen del tórrido calor.

Como ellos, miles de venezolanos circulan todos los días por La Parada, convertida en mercado a cielo abierto en la avenida que conduce al puente -cerrado a los vehículos- y donde proliferan los negocios informales.

En plena avenida, a la sombra de unos árboles, mujeres venden a 3 000 pesos (unos 90 centavos de dólar) almuerzos compuestos por arroz, espagueti, fríjol y algo de carne a quienes no alcanzan la larga fila en el comedor Divina Providencia, donde la Iglesia católica sirve gratis 4 000 raciones diarias.

La avenida es un hervidero de gente que ofrece desde transporte hasta comidas, medicinas, remesas de dinero o artículos de higiene, pero especialmente hay infinidad de porteadores, muchachos que se dedican a pasar la frontera, por el puente o por trochas, cargando sobre sus espaldas los mercados que los más afortunados compran en la vecina Cúcuta para llevar a Venezuela.

Los porteadores, también llamados "caleteros" o "carrucheros", corren detrás de cada taxi o peatón que se abre paso entre la multitud en dirección al puente para ganarse unos pesos colombianos con la carga de mercancías.

Así se forma una fila interminable de gente que regresa a Venezuela llevando los productos comprados en el floreciente comercio de Cúcuta al que la crisis del país petrolero parece venirle de perlas.

La peor parte la lleva Villa del Rosario, municipio vecino al que pertenece La Parada y cuyo alcalde, Pepe Ruiz Paredes, está convencido de "que lo peor hasta ahora está llegando", porque cada vez más son los desposeídos que se asientan en la zona y no hay medios suficientes para darles salud, educación y vivienda.

"Esta migración que está llegando se está quedando en este sector, ustedes lo ven", dice Ruiz a Efe, y explica que los nuevos habitantes de Villa del Rosario son la gente "que no puede salir a otro país y la que nos está aumentando muchas cosas en el municipio, (como gastos) en salud, en educación".

Según el alcalde, la población de Villa del Rosario aumentó un 23 % en cuestión de tres meses porque pasó "de tener 90 000 habitantes a más de 120 000", cifra que calcula puede ser mayor porque "no se tiene una identificación completa de la gente".

Para atenderla, la Alcaldía utiliza recursos públicos y tiene el apoyo de diferentes ONG y organismos internacionales, por lo cual afirma rotundo: "Si no fuera por esa ayuda esto sería un caos".

Esa es la otra cara de la moneda, la cooperación de organismos como la Agencia de Refugiados de Naciones Unidas (ACNUR), la Agencia Española de Cooperación Internacional para el Desarrollo (Aecid) o el Consejo Noruego para Refugiados (NRC), que atienden a todo el que llega al puesto del Gobierno colombiano a un costado del puente.

Los venezolanos huyen desesperadamente de su país para no morir de hambre. Allí los venezolanos reciben atención médica, vacunas, orientaciones en cuanto a salud y derechos y quienes viajan con pasaporte, el sello de Migración Colombia.

Uno de ellos es Key Torres, de unos 30 años, que está en silla de ruedas por un accidente de motocicleta y busca atención después de un largo viaje desde Caracas, según dice, "motivado por la necesidad económica que estamos pasando ahí".

cicune.org

"Allá no encuentro los medicamentos, no encuentro nada, no encuentro alimentos, no me voy a morir allá, (por eso) yo me vine", asegura a Efe.

Algunos, como una mujer con un niño de brazos, aprovechan la visita del canciller colombiano, Carlos Holmes Trujillo, para pedir más ayuda.

"Todos los días entran más migrantes, hay más demanda de servicios y los recursos no son suficientes", explica el canciller.

Según dijo a Efe el representante de ACNUR en Colombia, Jozef Merkx, en la frontera hay "un movimiento pendular" donde entre 30.000 y 40.000 personas por día "ingresan (a Colombia) y regresan a Venezuela" después de conseguir "las cosas más básicas".

"ACNUR tiene presencia fuerte en la frontera con Venezuela, no solo aquí en Cúcuta, también en Arauca, en La Guajira, en otras partes, y para nosotros es muy importante recibir a la gente más vulnerable, los refugiados, los migrantes que llegan y que necesitan la protección en Colombia", señala Merkx.

En un mar de necesidades como el de La Parada, todos sienten la escasez. "Nosotros como ACNUR y ONGs que trabajamos con venezolanos estamos mal financiados, nos faltan muchos recursos, por ejemplo, este año solo tenemos un 40 % de lo que necesitamos", concluye.

UNA ASAMBLEA VECINAL DE PICHARI EN PERÚ APROBÓ LA EXPULSIÓN DE LOS MIGRANTES VENEZOLANOS

El 23 de octubre de 2019 El Carabobeño, con información de Punto de Corte y la agencia The Associated Press, reportó:

-Un pueblo de valle amazónico de Perú ordenó que todos los migrantes venezolanos deben abandonar la ciudad antes del 20 de diciembre, una medida que no tiene valor alguno bajo la ley peruana.

Y agregó:

- "La expulsión ha sido aprobada", declaró, a The Associated Press, Yover Solís, vocero del alcalde del Distrito de Pichari, un pueblo de más de 20 mil habitantes, ubicado en el Valle de los ríos Apurímac, Ene y Mantaro.

Las autoridades peruanas indicaron que el extenso valle en donde se ubica Pichari es donde se produce más cocaína en la nación. También en esa localidad se encuentra el cuartel de las Fuerzas Armadas y policiales más importante de la región.

Luego señaló:

-Solís dijo que el alcalde, Máximo Orejón, "no está de acuerdo con la decisión tomada el fin de semana por la asamblea vecinal, pero que debe 'respetar' la decisión". La expulsión fue aprobada en un local del municipio por 126 votos a favor y 50 en contra.

Los miembros de los Comités de Autodefensa del distrito, que por décadas vigilan la seguridad en las calles, impulsaron la medida, señaló Solís.

No existen cálculos exactos del número de migrantes venezolanos que viven en Pichari, pero Solís indicó que habían más de 200. El ministro del Interior Carlos Morán dijo a la prensa que Perú rechaza "toda práctica de xenofobia".

No existe ley peruana que despoje a una persona en territorio nacional de su libertad de circulación o residencia.

Seguidamente apuntó:

-Carlos Scull, embajador nombrado por la oposición venezolana, dijo en un comunicado que ven "con preocupación los hechos ocurridos en el distrito de Pichari, donde un grupo de ciudadanos ha pretendido tomar medidas contrarias a la Constitución Política del Perú y a los compromisos internacionales adquiridos en detrimento de la comunidad venezolana". Naciones Unidas aprobó en 1985 una resolución en donde "queda prohibida la expulsión individual o colectiva" de los extranjeros "por motivos de raza, color, religión, cultura, linaje u origen nacional o étnico".

El texto periodístico señaló también:

-En lo que va del año otros dos municipios han intentado, infructuosamente, ejecutar medidas contra migrantes venezolanos.

El municipio de Pisco buscó recolectar de forma obligatoria los datos personales de los venezolanos que viven en la zona. Además, el alcalde de la provincia de Huancayo también impulsó una ley municipal para dejar su jurisdicción "libre de venezolanos". Ambas decisiones fueron desactivadas posteriormente por posibles juicios contra las autoridades por el delito de discriminación.

LOS MIGRANTES QUE DESAPARECIERON SIN LLEGAR A SUS DESTINOS

No todos los venezolanos que han huido por tierra o mar de la narcodictadura de Nicolás Maduro llegaron al destino donde esperaban refugiarse para recuperar la calidad de vida que su ominoso régimen les robó en aras de la siniestra peste del socialismo del siglo XXI, engendro político del teniente coronel retirado Hugo Chávez.

Algunos murieron en el camino o devorados por el mar.

El 29 de octubre de 2019 la periodista Eileen García, de El Nacional, señaló que "En lo que va de año, el Proyecto Migrantes Desaparecidos de la OIM ha registrado la muerte y desaparición al menos de 95 venezolanos. 84 de ellos en ruta hacia Trinidad y Tobago o Curazao, 9 en tránsito por Colombia, Brasil y Ecuador, y 2 en la frontera entre México y Estados Unidos".

Y continuó:

-Esperar en Dios, sin perder la fe ni la esperanza. Así viven algunos venezolanos, con el anhelo de volver a ver a ese ser querido que desapareció en tierras lejanas, mientras escapaba de la crisis política y social que azota al país.

Es el caso de Miriam González. Su hijo Armando Arias, de 26 años, desapareció en Cúcuta, Colombia, el 3 de mayo de 2019. Con una actitud tranquila, pero con la mirada perdida en el recuerdo de la última vez que supo de él, contó a El Nacional que todas las noches le pide a Dios que lo cuide y le abra los caminos para su regreso.

Naufragio en Güiria, silencio y complicidad Habla la madre de Kelly Zambrano: "Yo sé que a mi hija la están prostituyendo"

Relató que Armando salió de su humilde comunidad en el Estado Miranda hacia la frontera del vecino país el 3 de diciembre de 2018. Cuatro meses después, regresó para buscar a su esposa y a sus dos hijos. "Él se fue por la situación de crisis, para tener un mejor futuro. Y cuando se estabilizó, volvió y se llevó a su familia. Eso fue el 18 de abril", recordó. Sin embargo, a finales de ese mes fue detenido por funcionarios de la policía de Cúcuta acusado de trabajar en las trochas.

Armando y otro compañero estuvieron en una celda tres días. "Cuando salió, lo pusieron a limpiar el patio de la Comandancia y luego le dieron la boleta. La esposa lo fue a buscar, pero él le dijo que lo esperara en la casa porque de ahí se iría para allá. Ella se quedó esperando y nunca llegó".

Después explicó:

-De acuerdo con el testimonio de la esposa del hombre con quien Armando fue detenido, ellos, al salir de la zona policial, tomaron un taxi. Mientras iban en el camino, llegaron varios motorizados, los hicieron bajar del carro y se los llevaron.

"Ella dice que se cansó de esperarlos. Dado que su esposo no llegó en la noche ni al siguiente día, comenzó a indagar. Le decían que los habían matado, entonces cuando ella preguntaba si habían visto los cuerpos, le respondían: 'Me dijeron'. Y así corrió eso. Nadie los vio", aseguró Miriam.

"Dentro de mí, sé que mi hijo está con vida", dice la mamá de Armando Arias.

Recuerda que cuando recibió la noticia de la desaparición de su hijo, sintió una presión por no saber nada de él, pero jamás sintió que estaba muerto como cuando le mataron a su otro hijo. "Dentro de mí, y todavía lo mantengo, sé que mi hijo está con vida".

Miriam viajó hasta Cúcuta para saber de Armando. Al no recibir información en la Comandancia donde estuvo detenido su hijo, decidió ir hacia la montaña. Allí, habló con dos paracos, pero fue en vano.

"No sabemos nada de él y no pregunte más porque no le podemos dar información", fue la respuesta que recibió. Luego le recomendaron que no cruzara más barreras porque la podía agarrar la guerrilla.

"En esos días caminé por otros senderos, avenidas, calles, visité la morgue averiguando y nada. Entonces me dijeron que él no está muerto, sino que está entre los verdes, o sea, con la guerrilla".

Con un fuerte dolor en el alma y una gran desesperación, regresó al Estado Miranda, Venezuela. No denunció la desaparición de su hijo por miedo.

La desaparición forzada de migrantes es un fenómeno que ocurre en muchos países del mundo y existen diferentes factores que contribuyen a que se reproduzca.

Luego indicó:

-Sobre los migrantes venezolanos, la OIM registró, en el año 2018, 42 venezolanos fallecidos en su trayecto migratorio, de los cuales 20 murieron en ruta hacia Curazao y Aruba, y 22 mientras cruzaban la frontera con Colombia, en tránsito por ese país y Ecuador.

Posteriormente señaló:

-Ligia Bolívar, investigadora asociada del Centro de Derechos Humanos de la UCAB, aseguró a El Nacional que la desaparición de migrantes puede ocurrir en el marco del tráfico y trata de personas, durante los procesos de detención y deportación, o en medio de la captación a la fuerza por grupos armados irregulares.

En este último caso, Bolívar dice que no se denuncia por temor. "Saben que ese familiar está en manos de delincuentes y que cualquier denuncia pone en peligro su vida. Esa es la gran tragedia con este tema", aseveró.

La investigadora puso el ejemplo del reclutamiento de jóvenes por parte de la guerrilla para el raspado de la coca, donde los ponen a trabajar en condiciones infrahumanas.

"Cifras sobre esto no existen, además porque las mismas familias tienen miedo de denunciar. La generación de temor contribuye al silencio", agregó.

Bolívar también afirmó que los controles migratorios que han impuesto países como Ecuador, Perú, Chile y Trinidad y Tobago, además de no frenar la ola de personas que huyen de la emergencia, contribuyen a la desaparición, ya que muchos venezolanos ingresan por vías irregulares y eso supone algún tipo de riesgo adicional.

(…) Así ocurrió el 16 de mayo del presente año. Ese día, Venezuela se estremeció con la noticia de la desaparición de 33 personas que viajaban de Güiria a Trinidad y Tobago en la embarcación Ana María.

En el grupo se encontraban seis miembros de una familia que viajó desde Maturín dos meses antes para embarcarse en el trayecto que les cambiaría la vida: Katerin Berra; Dylan Berra y Victoria Berra, de tres y cuatro años; Maroly Bastardo, Antonio López y Luis Guanipa.

Desde el comienzo, el plan era viajar en el bote de Juan Vegas, pero por problemas con el motor, se canceló.

Al ver la oportunidad de realizar el viaje con Alberto Abreu, no lo pensaron dos veces. Alejandra Peinado, prima de los desaparecidos, recordó que a las 8:00 pm de ese día recibió la noticia de que la embarcación no llegó a su destino.

"Mantuvimos la fe y pensamos que seguro se había retrasado porque paró en otro puerto. Pero nuestra desesperación creció pasada la medianoche y ellos sin llegar.

Al otro día, se nos cruzó por la mente que se habían ahogado. Fue muy fuerte para nosotros. Pensábamos en los niños", narró a El Nacional con voz entrecortada.

Pese a ello, mantenía las esperanzas porque su prima y la esposa de su primo tenían salvavidas, al igual que los pequeños. "Entonces, 'ellos podían flotar. Los van a encontrar', decíamos en ese momento, pero no fue así. En el mar no se halló nada".

Aseguró que fueron días y noches muy largas desde que decidieron viajar a Güiria para buscar respuestas. Recibían llamadas tras llamadas, pero ninguna con buenas noticias.

"Al pasar los días, ya sospechábamos que ellos no podían estar muertos y allí es cuando se conoce que el capitán del barco es el único sobreviviente y tiene antecedentes penales por la trata de personas", aseveró Alejandra.

Sobre las investigaciones, afirmó que no ha pasado nada, nunca han recibido ningún tipo de respuesta por parte de las autoridades venezolanas ni trinitarias.

"Nos entrevistamos con la fiscal, fuimos con la Guardia Costera y hasta hablamos en el CICPC, pero no nos ayudaron. Nos cerraron la puerta en la cara. Mis familiares en Trinidad fueron a la Embajada de Venezuela. Ahí les tomaron las declaraciones, pero tampoco les dieron respuesta. Nos decían que estaban haciendo la búsqueda, pero no era verdad".

La periodista apuntó, además:

-Tanto Alejandra como el grupo de familiares que la acompañó en el viaje hasta Güiria fueron amenazados de muerte. Ante el temor, decidieron regresar.

"Ni siquiera dijimos que nos íbamos, simplemente nos montamos en el carro y salimos de ahí porque corríamos peligro. Así estarán los familiares de los otros desaparecidos que viven en Güiria. No hablan, no dicen nada por miedo".

LA DIÁSPORA

De Ramón Escobar León es el texto que sigue, con igual título del capítulo, publicado en El Nacional el 29 de octubre de 2019:

-Las exigencias de visas a los venezolanos para ingresar a distintos países de América Latina —comenzó señalando- contradice lo que ha sido la tradicional posición venezolana en materia de solidaridad internacional. A ello se suman las imágenes que se difunden en las redes que demuestran la cruel persecución contra quienes han tenido que salir de su país por las políticas de la revolución bolivariana.

Este cuadro de intolerancia merece recordar algunos episodios de nuestra historia que evidencian la conducta de Venezuela en materia de solidaridad con quienes han padecido de crisis —de distinta naturaleza— en sus respectivos países. Los chilenos, peruanos, ecuatorianos, dominicanos y colombianos, entre otros, fueron recibidos sin vacilar en nuestro país. De las islas del Caribe venían, incluso, a aprovechar los servicios médicos que Venezuela brindaba en la época de la democracia. Todos ellos ocuparon espacios en Venezuela y no fueron objeto de persecución ni de discriminación. El apoyo venezolano tuvo, en este último caso, una carga de generosidad humana.

Luego indicó:

-En relación con lo anterior hay que recordar dos episodios relevantes. El primero se refiere a las gestiones del canciller del gobierno de Carlos Andrés Pérez ante el régimen chileno en 1976 para solicitar la liberación de un grupo de presos políticos, víctimas de la dictadura. Según relata Ramón Escovar Salom, Augusto Pinochet se mostró respetuoso y ante el pedimento que le fue presentado, contestó: "Dígale al señor presidente de Venezuela que consideraré todo esto con interés" (Memorias de ida y vuelta). De inmediato, el canciller venezolano solicita la libertad de Luis Corvalan, a la sazón secretario general del Partido Comunista chileno, aclarando que se trata de una gestión pedida por Nikolái Podgorni, entonces presidente de la Unión Soviética. El dictador con sorpresa responde: "¿Usted sabe que ese hombre me quería matar y tenía un plan para asesinarme?".

Y continuó:

-No obstante, y a pesar de esta primera y aparente negativa, la solicitud y gestiones del canciller venezolano lograron su cometido, pues "la mayoría de los incluidos en la lista fueron puestos en libertad y Corvalan meses después salió para el exilio", sigue relatando Escovar Salom. Lo reseñado debe ser recordado porque demuestra una posición clara de Venezuela en lo que atañe a la necesaria solidaridad política y humana que merecen las víctimas de crisis políticas. Chile es un país democrático y civilizado y por eso esperamos que las autoridades garanticen el buen trato de los venezolanos de la diáspora, sean perseguidos políticos o no.

Desafortunadamente tanto el actual presidente de Chile, Gabriel Boric, como el anterior, Sebastián Piñera, al parecer no han leído esa parte de la historia política chilena, en la que los nacionales de ese país encontraron en el nuestro muestras de solidaridad, pues a los migrantes venezolanos se les ha agredido tanto por parte de los cuerpos de

> *seguridad como de grupos xenofóbicos. Además, establecieron el requisito de la visa, documento casi imposible de adquirir por nuestra migración, en su gran mayoría sin recursos económicos*

Luego apuntó:

-El segundo hecho que hay que recordar es el papel desempeñado por Venezuela en el traslado de la administración del canal de Panamá a los panameños. Carlos Andrés Pérez junto con Alfonso López Michelsen, Daniel Oduber y José López Portillo, presidentes de Colombia, Costa Rica y México respectivamente, integraron un grupo de apoyo para respaldar a Panamá. Desde el gobierno de Estados Unidos, el presidente Jimmy Carter tuvo la voluntad política de culminar el tratado, que fue un logro para Panamá. La solidaridad venezolana estuvo nuevamente presente.

El papel de Venezuela debe ser recordado por quienes ahora en Panamá se muestran intolerantes y agresivos con los venezolanos, que han tenido que salir de la devastación producida por las políticas revolucionarias. Esto está reñido con lo que ha sido la tradicional conducta venezolana con Panamá.

A diferencia de los casos señalados, hay otros países que nos han tendido su mano solidaria. Estados Unidos, España, Colombia y Argentina (ojalá esto no cambie con la llegada del peronismo al poder) han apoyado a los migrantes venezolanos. Todo esto hay que recordarlo porque los venezolanos merecemos un mejor trato: el mismo que hemos dado a quienes han necesitado de nuestro apoyo.

La solución de raíz para terminar con la diáspora y con la constante violación de los derechos humanos de los venezolanos es la unidad de la oposición que permita una solución política que abra las puertas de la libertad. Solo así regresarán quienes se han visto forzados a dejar su país, a sus familias, a sus amigos y a sus recuerdos.

La cercanía del presidente Carlos Andrés Pérez al presidente Jimmy Carter, fue factor importante para que el canal fuera administrado por los panameños. Pero desde el parlamento de ese país se ha pedido la expulsión de los migrantes venezolanos incorporando la traba de la visa

---

LOS ORÍGENES DE LA XENOFOBIA PERUANA CONTRA LOS VENEZOLANOS

El 28 de octubre de 2019 el periodista Ayatola Núñez, de TalCual, en un reportaje sobre la materia dio repuesta a la interrogante ¿Cómo y por qué surge la ola de xenofobia hacia los venezolanos en Perú?

Y al respecto comenzó señalando:

-Los venezolanos en el Perú se han convertido en esa visita que al tercer día "huele mal", incomoda y molesta en casi todo lo que haga, sea bueno o sea malo. Lejos quedó la imagen de compatriotas con dinero que visitaban el centro comercial Polvos Azules, uno de los más exclusivos de Lima, quienes por allá por el 2013 acudían a las tiendas del mall para 'raspar' los cupos CADIVI.

Ahora se han vuelto un problema que está arrastrando a su paso un sentimiento negativo transmutado en xenofobia, y está escalando a niveles preocupantes.

Pero ¿cómo comenzó? Algunos hechos de violencia donde se vieron involucrados algunos venezolanos y que conmocionaron la opinión pública, dieron al traste con la percepción positiva que se tenía de los connacionales; hechos que enumeramos a continuación.

Luego indicó:

-El 2016 marcó el punto de quiebre para aquellos venezolanos decidieron quedarse a luchar y los que prefirieron salir mientras podían. Así lo reflejan las cifras de la Organización Internacional para las Migraciones (OIM) que registró un incremento en el flujo de venezolanos al Perú.

Debido a esto, el entonces presidente Pedro Pablo Kuczynski autorizó el Permiso Temporal de Permanencia (PTP), instrumento que facilitó la incorporación de algunos venezolanos al mercado laboral, y desencadenó la idea que los extranjeros estaban robando puestos de trabajo.

Seguidamente, en el intertítulo "5 de julio 2018: Robo al Jockey Plaza", destacó:

-Mientras Venezuela recordaba que no tenía nada que celebrar el día de su independencia, los noticieros del Perú abrieron sus emisiones matutinas una noticia que estremecía al país. Una banda de delincuentes había robado una prestigiosa joyería en uno de los malls más de la capital. Sin embargo, el verdadero escándalo vino cuando se conoció que detrás del suceso había 11 venezolanos involucrados. Hubo una especie de miedo colectivo y los ciudadanos comenzaron a sentir temor de los extranjeros.

Y en el intertítulo "3 de agosto 2018: Intento de robo en Plaza Norte" precisó:

-En medio del sabor amargo que dejó lo ocurrido en el Jockey Club, un suceso similar se registra semanas después y pese a que no se consumó, generó mayor estupor debido a que se suscitó justamente al frente de la terminal terrestre que recibe a cientos de venezolanos que huyen del paraíso socialista de Maduro.

Según informó la PNP, cinco sujetos intentaron robar el Banco de Crédito del Perú (BCP) del Centro Comercial Plaza Norte, pero agentes de la Policía frustraron el atraco. El diario El Comercio no escatimó el resaltar la nacionalidad de los hasta entonces presuntos involucrados: "malhechores de nacionalidad venezolana, quienes habían llegado en un Toyota Yaris y otro auto color azul", publicó el medio de comunicación en su edición web.

Y luego, en el intertítulo "6 de agosto del 2018: Aparece el Tren de Aragua", apuntó:

-El intento de robo al Plaza Norte destapó la presencia de una banda criminal que había traspasado frontera. El Tren de Aragua hizo su aparición triunfal en el Perú. La Policía Nacional (PNP) tras anunciar la captura, indicó que los cinco detenidos fueron identificados como Edinson Agustín Barreda (alias 'Catire'), Dosnei Alcántara, José Zorrilla, Víctor Rivero y Manuel Ruiz Balbuena.

El más peligroso de ellos es el 'Catire', quien confesó haber actuado de sicario en Venezuela con el asesinato de al menos seis personas. Las redes se hicieron eco de sus crímenes y todos los peruanos vieron lo sanguinario que puede llegar a ser un "veneco". Ahora sí había pánico colectivo y se iniciaron las redadas en el cono norte de Lima. Culpables e inocentes eran detenidos por la policía en las calles para verificar sus documentos. También se vivieron los primeros abusos y se reforzaron los cercos policiales.

La organización criminal El Tren de Aragua es producto del socialismo del siglo XXI, cuya cúpula comanda el llamado Cartel de los Soles, especializado en el tráfico de drogas con rango diplomático y el uso de aviones oficiales, verbigracia, los narcosobrinos canjeados por cuatro prisioneros venezolano-norteamericanos

Desde entonces todo lo que pasaba se creía responsabilidad de los extranjeros. Ya no importaba si había venezolanos involucrados, lo que molestaba era que algún venezolano estuviera metido y comenzaron los ciudadanos en las calles a exigirle al gobierno que tomara medidas.

Y en el intertítulo "10 de marzo 2019: Arrollan a sobrino de futbolista" Ayatola Núñez apuntó:

Para aquellos que no están familiarizados con el fútbol, Paolo Guerrero es una celebridad de talla mundial por ser el capitán de la selección de peruana, pero esta vez la noticia fue su sobrino, quien murió arrollado.

Hasta allí todo fue solidaridad con el jugador. Luego vino la indignación y saltó a la opinión pública el nombre de Leiser David Palacio Vaamond, el venezolano conductor del vehículo responsable del arrollamiento. Se desconoce qué pasó con su caso, pero este hecho llevó a que el tema de los venezolanos comenzara a evaluarse de forma negativa.

Por otro lado, en el intertítulo "Deportación y visa" se lee:

-En el momento que ya no había temas relacionados con venezolanos, más allá de los robos y el aumento de la inseguridad en Lima, el propio presidente Martin Vizcarra encabezó un acto público en que se deportaban a 50 venezolanos con antecedentes. En las calles aplaudían al mandatario y se consideraba como un acto de justicia.

El ministro del Interior, Carlos Morán, señaló en la trasmisión en vivo que los venezolanos eran el motivo del incremento de los índices de delincuencia en algunas ciudades, entre ellas la capital Lima. Los ciudadanos reaccionaron y hasta empezaron a despedir a venezolanos. "Yo trabajaba de operario de limpieza y de la noche a la mañana sacaron a todos los venezolanos", cuenta Marcelis Contreras que ahora reside en Chile.

En ese mismo acto el mandatario lanzó una amenaza directa: "Aquí no vamos a permitir que continúen personas que delinquen. (Expulsaremos a) los que sean necesarios: 500, 800, mil o 2 mil, porque vamos a continuar en esta tarea en aplicación estricta del artículo 58 de la Ley de Migraciones", explicó Vizcarra.

No obstante, un estudio realizado por el portal de investigación Enterarse.com reveló que la migración venezolana no es la principal causa del aumento de la criminalidad en Perú, al punto que las denuncias por delitos cometidos por connacionales apenas representan el 0,5% del total de las acusaciones hechas en ese país.

Y vino el anuncio que cambió el curso la migración: impuso una visa a los venezolanos y requisitos imposibles de conseguir, como es el caso de documentos apostillados. El plan fue denominado Migración Segura 2019.

Según el periodista, el 4 de agosto de ese año aumenta el acoso a las venecas. -En consecuencia –señaló- el diario Ojo, de línea editorial "popular", tituló en su primera página sobre la vulnerabilidad de las mujeres venezolanas en el país inca. Con cifras del Instituto Nacional de Estadísticas e Informática, INEI, se conoció que 17,8% de las "venezolanas" con edades entre los 12 y 49 años señaló haber padecido de acoso sexual durante el 2018.

"Más preocupante aún es que el 20,8% de estos casos se registró entre las venezolanas con edades entre los 12 y 17 años, seguidas de sus compatriotas de 18 a 29 años (19,6%). El INEI señala, además, que el menor porcentaje de casos de acoso, el 14.9%, se registró entre las migrantes con edades entre los 30 y 49 años", se lee en la edición web.

El origen de veneco, -a –indica la Web- se remonta al siglo pasado como forma despectiva entre colombianos que emigraban a Venezuela, y, además, para referirse a los hijos de inmigrantes colombianos nacidos en Venezuela. De igual manera, el término sigue siendo relativo a Venezuela.

Y adicionó:

-Pero la solidaridad femenina fue la gran ausente. Más de una peruana lo calificó como una consecuencia de andar siempre arregladas. "Yo no sé por qué se tienen maquillar todo el tiempo", comentó una ciudadana luego de que una extranjera se montara en bus a vender golosinas en la avenida Alfonso Ugarte. Eran las 6 de la tarde y la buhonera venezolana estaba recién maquillada, pese a tener todo el día en la calle.

Y llegó el descuartizamiento en Fiori el 9 de septiembre de 2019.

-La gota que rebasó la paciencia de los peruanos –manifestó al final del reportaje- fue el hallazgo de tres cuerpos descuartizados en el distrito de San Martín de Porres. El primer descubrimiento fue dentro del antiguo terminal de Fiori, donde la policía encontró dos torsos envueltos en bolsas plásticas. Horas más tarde se confirmó el hallazgo de las extremidades de ambos cuerpos.

El tercer hallazgo fue en el Rímac, en el jirón Cajamarca. La policía encontró una maleta que contenía dos extremidades superiores y tres inferiores. Lo que vino después, fueron agresiones directas a los venezolanos.

Su autor hizo la siguiente advertencia:

-Antes de la publicación de este trabajo, TalCual consultó la opinión de algunos peruanos acerca de las razones por las que siente recelo hacia los venezolanos y la mayoría solo recuerda que en las noticias pasan cosas negativas sobre los extranjeros.

Asimismo, a raíz de la disolución del Congreso de Perú y la crisis política que ha envuelto al gobierno de Martín Vizcarra, el tema ya no es tocado. No obstante, el odio sigue latente en las calles.

VÍCTIMAS DE LAS MAFIAS DE TRATA DE PERSONAS EN PERÚ

El 3 de febrero de 2023 TalCual, con información de Infobae, reseñó:

-El pasado mes de junio, trabajadoras sexuales de nacionalidad venezolana, colombiana y ecuatoriana hicieron un plantón en la Fiscalía de Perú debido a las muertes y extorsiones de las que muchas han sido víctimas por parte de las mafias de trata que operan en ese país.

En una marcha que realizaron hacia el Ministerio Público en compañía de otras organizaciones, con letreros que pedían educación, salud, derechos básicos, salud, identidad y trabajo para no exponer sus vidas en la prostitución, no fueron atendidas por ninguna autoridad

Luego señaló:

-Desde hace más de un año las 'mafias del sexo', integrada por proxenetas colombianos y venezolanos extorsionan a las trabajadoras sexuales del Cercado de Lima, Lince, San Juan de Miraflores, San Juan de Lurigancho; y en los distritos de Lima Norte como Comas, Los Olivos y Puente Piedra. Allí las mujeres pagan cupos exorbitantes, que cada semana van en aumento, si desean seguir laborando y, si no lo hacen, pueden encontrar la muerte.

En septiembre de 2022, dos trabajadoras sexuales fueron asesinadas, una de nacionalidad ecuatoriana y la otra venezolana; otras cinco quedaron heridas. Dos criminales en moto desataron el terror en los jirones Cailloma y Zepita, en el Centro de Lima. Unos días después, ese homicidio se replicó en El Agustino: murió baleada en la cabeza una joven colombiana. Las mujeres se habían negado a pagar la extorsión para permanecer en el lugar y esa fue la respuesta de los delincuentes.

Los nombres de las organizaciones criminales varían: pueden ser 'Los Gallegos', 'Tren de Aragua' que opera en Perú, Colombia, Venezuela, Ecuador y Chile, 'Los Malditos de Carabobo' o 'Los Roleros de Caracas'. También está 'La Dinastía Alayón', que maneja las principales calles de la avenida Risso, en Lince. Todas se dedican al sicariato, a la venta de drogas y al proxenetismo.

Joven venezolana víctima de trata de personas fue rescatada en Colombia

Posteriormente indicó:
-El pasado viernes 11 de noviembre de 2022, la Policía Nacional del Perú (PNP), en compañía de la Fiscalía, capturó a 30 integrantes de 'Los Gallegos', el brazo armado de la organización criminal 'Tren de Aragua', en una casa de Surco, y en otros domicilios en los distritos de San Martín de Porres, Los Olivos, El Agustino y en la región Trujillo.

Los delincuentes, acusados por los delitos de extorsión, trata de personas, explotación sexual agravada, sicariato y homicidio, eran dirigidos por hombre de nacionalidad venezolana que decidía la suerte de quien no quisiera pagar cupo. El pago de los cupos, en el caso de las trabajadoras sexuales, oscila entre 400 a 600 soles semanales.

Los criminales aprovechan la necesidad de sus connacionales venezolanas y colombianas para captarlas por las redes sociales, que llegan con el sueño de trabajar en Perú, pero cuando arriban son obligadas a prostituirse y pagar cupos.

De igual modo puntualizó:

-Pese al esfuerzo en capturar a los malhechores que se dedican a la trata y explotación de mujeres en Lima, la violencia contra las trabajadoras sexuales sigue escalando. Aunque estén en la cárcel detrás de ellos hay una decena de maleantes que siguen sus pasos. Incluso, en algunos casos los mismos policías exigen sexo gratis y un pago constante.

Luego citó el testimonio de Leida a la agencia EFE:

-La policía venía y nos subía a las más bonitas y nos llevaba a Chorrillos, en una casa, y nos metía allí con más policías y nosotras teníamos que atenderlos toda la madrugada. El sexo gratis. Todo era para ellos diversión y allí nos amanecían y nos dejaban botadas en la playa (…). Nos decían que si no queríamos ese trato teníamos que pagar.

Y agregó:

-En 2011, esta mujer fue torturada por tres suboficiales porque se había negado a pagar cupo.

Fue totalmente terrible. Me golpearon, me filmaron desnuda, me secuestraron. Dije 'ya perdí'. (…) Yo sabía que nos mataban y pensé que ya me había llegado el momento", manifestó en este caso que aún no se resuelve y está en manos de la justicia peruana.

ECUADOR IMPONE RESTRICCIONES LEGALES

El 27 de agosto de 2019 el portal A Todo Momento, con información de El Nacional, reportó:

-La visa temporal de excepción por razones humanitarias, exigida a ciudadanos venezolanos en Ecuador para acceder a su territorio, establece requisitos de difícil o imposible cumplimiento para la mayoría de las personas.

Así lo expresó un grupo de organizaciones defensoras de derechos humanos de toda América, miembros del Grupo de Trabajo de Movilidad Humana Venezolana. En un comunicado, señalaron que Ecuador respondió con políticas restrictivas en contra de las personas migrantes y refugiadas.

Y agregó:

-Las restricciones de entrada al territorio ecuatoriano se dan en un contexto de gran polarización social y xenofobia en contra de las personas migrantes y refugiadas venezolanas. Muchas de ellas han experimentado ataques violentos y otros tipos de discriminación", destacó el texto.

Luego indicó:

-Según cifras de ACNUR, Ecuador recibió a alrededor de 263.000 personas de los 4 millones que abandonaron Venezuela.

Después apuntó:

-El Grupo indica que el gobierno de Quito intenta restringir la entrada de personas desde finales del año pasado por medio de acuerdos ministeriales. Los requisitos ahora se concretan con la imposición de esta visa de difícil o imposible cumplimiento.

Colombia desplegó efectivos de seguridad en frontera con Ecuador

Opinan que el visado busca impedir el acceso a los procedimientos de asilo y violenta el principio de no devolución, que incluye la prohibición de rechazo en frontera y la no admisión. Esto pone en riesgo otros derechos fundamentales como la vida, la libertad e integridad de quienes se ven forzados a abandonar Venezuela.

Se preocupan especialmente por que Ecuador no tome en cuenta la dificultad de los venezolanos para acceder a documentos oficiales en su país de origen. Por ejemplo: pasaporte, la certificación de no antecedentes penales y la apostilla. Además de la exigencia de tramitar el visado única y exclusivamente en las oficinas consulares de Caracas, Bogotá y Lima.

Igualmente señaló que "El Grupo insta a acatar el llamado de ACNUR, en el que solicita a los países receptores permitir el acceso al territorio y a los mecanismos de asilo a las personas venezolanas".

VENEZOLANOS EN EL SÓTANO DE MIGRACIÓN BOLIVIA

El 19 de octubre de 2019 Braulio Polanco, de Radio Fe y Alegría Noticias, sobre un video que circuló en la Web, reportó:

-En el vídeo aparecen varios hombres y efectivamente están en el sótano del departamento de Migración boliviano. Uno de ellos pide a quien se pronuncia que hable en voz baja, porque los guardias pueden escucharlo. "Nos están violando los derechos teniéndonos aquí como unos animales con hambre, con sed; estamos tomando agua del chorro".

Luego señaló:

-Nos tienen acá como unos perros, como si fuéramos presos": en septiembre la policía de Bolivia detuvo a decenas de venezolanos y los mantuvo en el sótano del edificio de Migración, en Santa Cruz, durante más de 12 horas.

Después explicó:

El vídeo fue grabado hace unas semanas cuando la policía de Migración Bolivia los detuvo y llevó al lugar montados en camionetas. La mayoría de ellos estaban en semáforos vendiendo productos, y algunos incluso eran legales. Estuvieron en el lugar desde las 8:00 de la mañana hasta las 11:00 de la noche, por lo cual decidieron grabar varios vídeos para difundir y denunciar en redes sociales. En otro de ellos se escucha a una mujer decir: "Nos encontramos aquí un grupo aproximado de 100 venezolanos con mujeres y niños. Nos están violando los derechos humanos ya que no podemos ni siquiera beber agua".

"Ninguno de nosotros hemos comido y nos dicen que nos van a deportar y llevar a Paraguay porque es el único país que nos quiere. No somos animales, somos seres humanos. Por favor, ayúdennos", agrega.

Polanco apuntó, además:

Este tipo de violaciones a los Derechos Humanos ha sido denunciado incluso por Amnistía Internacional: en marzo denunciaron que las autoridades detuvieron y expulsaron arbitrariamente a un grupo de venezolanos.

Esa organización, en su cuenta @AmnistiaOline, denunció que en Bolivia el 17 de marzo las autoridades detuvieron, acusaron y expulsaron arbitrariamente a personas venezolanas sin un proceso justo.

En otro mensaje indicó: ¡Exigimos al @MindeGobierno @CarlosGuRomero dejar de perseguir y expulsar arbitrariamente a personas que necesitan protección internacional.

Más adelante Polanco expresó que una de las víctimas, Yuneska, estaba ese día junto a su hermano e hijo.

Ella reveló que "Llegaron allí porque una comisión de funcionarios policiales se apersonó en uno de los semáforos donde estaban trabajando, vendiendo chocolates y galletas" y luego, en el sótano, "llegaron dos personas de La Paz y yo quise hablar con uno de ellos y me trataron mal y me gritaron; me dijeron que, si yo no hacía maletas para irme del país, no iba a ver más a mi hijo".

Polanco indicó que ella es de Maracaibo y emigró hace más de tres meses: primero a Perú y luego a Bolivia.

-Lo hizo –precisó- junto a su familia, cuyos miembros –incluyéndola– no tienen pasaporte venezolano, lo cual complicó significativamente la travesía. Son cinco, de los cuales dos son menores de edad.

Yuneska expresó igualmente:

-Salimos de Venezuela de mochileros, en gandola, camiones. Para nadie es un secreto que Venezuela está pasando por una crisis económica muy fuerte y nos vimos en la obligación de salir de Venezuela para buscar un mejor futuro.

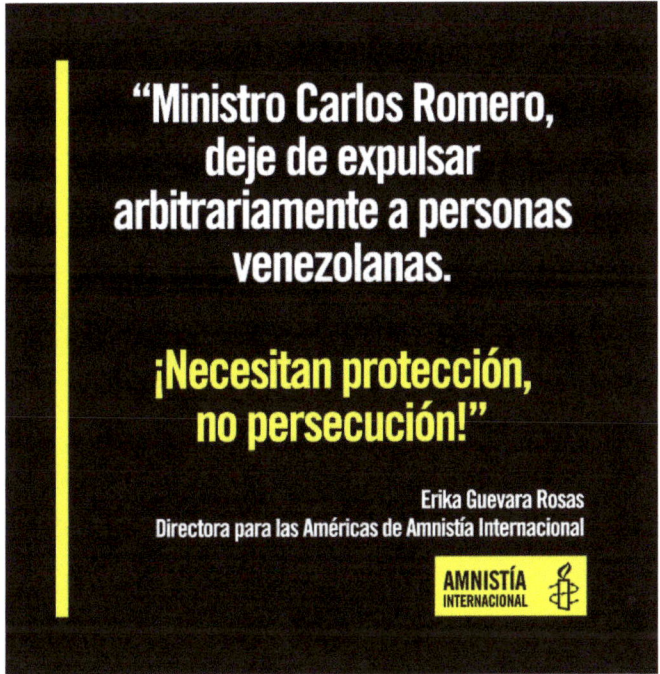

Según el periodista, en Perú llegaron a vender chucherías para vivir. Pero la xenofobia que sufrieron fue tan fuerte que los obligó a huir a Bolivia, donde vivieron dificultades para entrar, que incluyeron largas caminatas que alternaban pidiendo cola, en medio de un frío que los estaba matando.

Yuneska afirmó también:

-Cuando quisimos entrar por primera vez los mismos policías de migración nos estaban quitando 200 pesos (unos 29 dólares) por cada uno para dejarnos entrar al país. Por no contar con el dinero, se tuvieron que regresar y dejaron pasar varias semanas antes de volverlo a intentar. Un día aprovecharon que los guardias estaban entretenidos y, como en una película, se escabulleron para entrar de manera ilegal a Bolivia.

En este país hay menos xenofobia que en Perú, según Yuneska. Sin embargo, "muchas veces nos encontramos gente ignorante en la calle que nos dice cosas feas, como 'váyanse a su país, venezolanos de mierda'. Nos preguntan que qué hacemos aquí".

HUYENDO DE VENEZUELA

El 5 de septiembre de 2019 el periodista Javier Ignacio Mayorca, de TalCual, dio a la publicidad un reportaje con el título de este capítulo, que comenzó así:

-En el sector La Parada de Cúcuta, unos 400 venezolanos permanecían agolpados en el camino que conduce a las oficinas de Migración Colombia. Apenas comenzaba la jornada del 22 de agosto y, según un representante regional del Alto Comisionado de Naciones Unidas para los Refugiados (ACNUR), estaba en desarrollo una auténtica "avalancha" de personas que huían de su tierra natal. No era la primera, y tampoco sería la última.

Muchos de los que estaban allí habían apurado la huida desde Venezuela, angustiados por las informaciones según las cuales el gobierno ecuatoriano se disponía a exigir (como en efecto lo hizo) un visado especial para los que hacen parte del mayor movimiento humano conocido en Suramérica.

Y continuó:

Yorly –nombre cambiado– pretendía llegar a Rumichaca en un par de días, contados a partir del momento en que los funcionarios de Migración le sellaran el pasaporte, cosa que entonces se veía lejana. La plata comenzó a escasearle luego de pagar 20.000 pesos por cada uno de los cinco integrantes de su grupo familiar, para que le permitieran trasponer la primera barrera, instalada por efectivos de la Policía Nacional de Colombia a unos 300 metros de la taquilla. "¡Sellados VIP, sellados VIP!", es la expresión que más se escucha en ese espacio. Son grupos de gestores venezolanos que se ofrecen para aligerar la espera. Si usted va bien vestido, la tarifa sube automáticamente, un 20%

Luego apuntó:

-Como en toda gestoría, lo importante en este caso son las conexiones que estos sujetos puedan tener con los uniformados colombianos. Cuando usted los contacta, ellos de inmediato lo ponen a hablar con el verdadero líder del grupo. Pero no todos tienen verdaderas conexiones. Es decir, "no la mueven", sino que se valen de engaños o artificios. El más usual es entregar un ticket de comprobante de un inminente viaje en autobús. Al mostrarlo al policía, el portador debería tener prioridad para pasar a la segunda etapa de la cola, siempre y cuando el funcionario no se fije en que el nombre del titular ha sido escrito y sobrescrito, tantas veces como haya sido reciclado este documento.

Los agentes detectan con rapidez la burla con los pasajes de autobús.

"Yo a usted lo he visto entrando y saliendo de aquí toda la mañana. ¡Muéstreme sus documentos!", reclamó un funcionario de Migración Colombia a un joven de franela azul, que efectivamente participaba en el esquema. El muchacho ni siquiera alzó la voz, y se acercó mohíno al lugar donde estaba el empleado estatal. Luego, abandonó el lugar.

Como esta alternativa tiene sus límites, el mismo gestor ofrece luego una solución más drástica: colarse por una rendija en la reja externa, y meterse en la cola a como dé lugar. Esta no parece ser la mejor opción, si se toma en cuenta que justo al otro lado de la malla metálica está una VAN de la Policía Nacional. Además, hay funcionarios que se esconden para tomar fotos de quienes intenten esta vía.

"Esos están mirando para otro lado. No va a pasar nada", dice este venezolano, tratando de convencerte para que le pagues de una vez.

Igualmente señaló:

-Desde luego, en la medida en que no funciona ninguna de las soluciones, el tiempo pasa y la desesperación aumenta. El precio por la gestión de llevarte a la siguiente etapa se incrementa. Cada vez que abren el paso en la primera barrera sucede una hecatombe de gritos y empujones, que obligan a los policías a proferir amenazas.

"Esto lo cierro y no lo abro más hoy. Nadie pasa, pues", advirtió uno, encaramado sobre un pequeño muro, para hacerse escuchar.

Una comerciante de San Cristóbal, Mercedes, iba acompañada por otra gestora, una morena como de 120 kilos que decía ser sargento segunda retirada de la Guardia Nacional.

Mercedes había contactado a los sujetos de los tickets y también a los que ofrecían el paso por la rendija. Al final, confió más en la ex militar, y acertó.

La mujer se acercó al sitio donde estaban los policías colombianos, y les hizo una seña casi imperceptible con las manos.

Como por arte de magia, se abrieron las barreras, lo suficiente para dejar que la empresaria pasara.

"Después, lo que tienes que hacer es hablar con el vigilante. Dile que tienes un pasaje de avión listo, y que si no te sellan pierdes el vuelo", recomendó.

Mientras tanto…En la cola, Yorly había entrado en conversación con una sargento mayor de tercera, también retirada de la Guardia Nacional, que había dejado a su hijo en Venezuela, bajo el cuidado de los abuelos, con la esperanza de enviarle dinero muy pronto para que viajara hasta donde ella se encontrara. En su afán de ganar lo antes posible la frontera con Ecuador, se arriesgó a que la declararan desertora. Solicitó la baja, y no esperó a que le entregaran la resolución correspondiente. Se salvó pues algunos amigos en la fuerza le enviaron una copia por WhatsApp, para que la mostrara en el paso fronterizo.

Al escucharla, Yorly también recordó sus últimos días en el barrio de Petare donde creció.

"Allá dejé todo atrás (…) Lloré hasta por los perros", confesó a la sargento.

Mientras ambas ventilaban sus intimidades, Mercedes logró ubicar al "vigilante". En realidad, era un capitán retirado de la Policía Nacional. Al saber de la premura, llamó por radio a otro colega que estaba frente a la taquilla de Migración. Y le dio paso.

En ese local, los cinco funcionarios de guardia que sellan los pasaportes trabajaban ajenos al tumulto que había en el exterior. Conversaban entre ellos, echaban chistes. Cada uno tomaba en promedio un minuto y medio en vaciar algunos datos en las respectivas computadoras y estampar una marca húmeda.

Posteriormente precisó:

-Por eso es por lo que muchos de estos emigrantes terminarían arrodillados en el paso fronterizo con Ecuador.

Cuando salía con el pasaporte sellado, Mercedes entregó otros 50.000 pesos a la sargento/gestora, para que a su vez diera una mordida al vigilante. Pero no supo si eso en realidad ocurrió. Pasar a Colombia con el pasaporte en regla les había costado el equivalente a 28 dólares, según el cambio del momento.

Mientras la comerciante se internaba en Cúcuta, al mediodía, crecía el flujo de personas que regresaban a Venezuela, llevando en hombros o arrastrando enormes bultos con todo lo que no pueden conseguir en su país.

Pero esa es otra historia.

UN EDITORIAL DEL DIARIO EL COMERCIO DE PERÚ

El 30 de septiembre de 2019 el portal Costa del Sol reprodujo el editorial publicado por el diario El Comercio, de Lima, que se transcribe a continuación:

Por muchas décadas, el Perú se acostumbró a ser un exportador neto de población. Cientos de miles de peruanos salieron a buscar un mejor destino para ellos y sus familias en países como Estados Unidos, España o Chile. Nuestra preocupación por los eventuales brotes xenófobos era estar en el lado de la víctima.

En los últimos años, sin embargo, los flujos se han invertido. Los peruanos —acostumbrados a interactuar básicamente entre nosotros en nuestro propio país— de pronto entramos en contacto casi a diario con venezolanos que huyen de su propio descalabro económico. Para un país poco habituado a foráneos como el Perú, la preocupación hoy por los brotes xenófobos es estar del lado del perpetrador.

La alarma no es injustificada. De acuerdo con un informe publicado en este Diario hace pocos días, casi dos de cada tres venezolanos en cinco ciudades del país (Lima, Arequipa, Cusco, Tacna y Tumbes) se han sentido discriminados, principalmente por su nacionalidad.

Si bien es natural en cualquier país que la competencia por empleos en determinados sectores genere tensiones entre migrantes y la población local, otras actitudes exceden por largo el recelo laboral. Por ejemplo, la circulación de noticias falsas vía WhatsApp sobre supuestos secuestros de niños peruanos por parte de bandas de delincuentes venezolanos pareció armada al estilo de antiguos –pero efectivos– psicosociales destinados a infligir el máximo daño.

Para vergüenza del país, los brotes de xenofobia no se han quedado en el campo particular, sino que se han extendido también al ámbito oficial o de políticas públicas. Como se recuerda, por ejemplo, el Gobierno Regional de Cusco publicó una ordenanza que prohibía sustituir a trabajadores peruanos por venezolanos contratados informalmente –como si la gravedad de esa falta tuviera alguna relación con la nacionalidad–. A su vez, el Ministerio de Trabajo afirmó, increíblemente, que el reemplazo de algunos trabajadores por otros –venezolanos– de menor sueldo sería una práctica "discriminatoria" y, con lo cual, pasible de multas.

En marzo, el alcalde de Huancayo, Henry López, anunció que presentaría una ordenanza "frente a la creciente y descontrolada presencia de extranjeros". El Ministerio Público le abrió una investigación de oficio por discriminación. De manera más reciente, municipalidades como las de Pisco o Miraflores han dispuesto un "empadronamiento" o solicitud aleatoria de documentos de ciudadanos venezolanos. Además de ilegal, pues el registro de extranjeros no les corresponde a las municipalidades sino a la Superintendencia Nacional de Migraciones, la práctica es abiertamente discriminatoria y no exenta de un velado componente intimidatorio. Prácticas similares son regularmente condenadas por la comunidad internacional y activistas locales cuando se llevan a cabo en países como EE.UU. contra la población de origen latinoamericano.

En no pocos casos, la preocupación por la inseguridad ciudadana se utiliza para justificar actitudes discriminatorias. No está de más recordar aquí, no obstante, que los delitos son siempre de naturaleza individual –no pertenecen de manera exclusiva a ningún colectivo étnico o nacional–. Caer en generalizaciones de este tipo hace un enorme daño a la seguridad jurídica, la imagen y los derechos de los miles de venezolanos que trabajan honradamente en el Perú luego de escapar del desastre que encabeza hoy Nicolás Maduro.

Bien encauzada, la presencia venezolana representa sin duda una oportunidad. Aprovechar el trabajo, el talento, las ideas y la diversidad que trae la migración hace eventualmente a cualquier nación más fuerte y próspera. Después de todo, el mestizaje y la fusión de culturas se reconocen hoy como unos de los principales activos del Perú. Pero el camino no es fácil. Los retos también saltan a la vista y empiezan a tensionar las débiles costuras institucionales del país. Esta oleada migratoria representa una enorme prueba que, en el corto plazo, pone presión sobre nuestra estructura económica, pero, quizá más que todo, es un desafío sobre la fortaleza de nuestra estructura social, de nuestra empatía y de nuestros valores como nación. No perdamos la oportunidad de demostrar al mundo y a nosotros mismos que somos mejores que esto.

POLICÍA PERUANO AGREDIÓ A VENDEDOR AMBULANTE VENEZOLANO

El 4 de septiembre de 2019 el portal Cactus24 y otros medios denunciaron:

-La agresión contra venezolanos en otras naciones no se detiene y como muestra de ello le mostramos el momento cuando un policía de Perú agrede a un venezolano.

Los casos de xenofobia hacia los venezolanos no distinguen clases ni estatus: Un vendedor ambulante criollo fue víctima de la agresión de unos policías de Perú durante su jornada de trabajo.

Luego indicaron:

-Los efectivos de seguridad le botaron su mercancía al suelo. El suceso fue grabado por otras personas que presenciaron el percance y de inmediato empezó a circular por las redes sociales.

"Estamos trabajando humildemente", se le escucha decir al venezolano en el video. Pero este alegato no fue suficiente para los uniformados quienes se dieron la espalda y se retiraron del lugar.

De igual modo el diario digital La Patilla reseñó que este es el más reciente caso de xenofobia que se conoce en contra de los venezolanos, pues la semana pasada también circularon por las redes sociales dos videos que evidencia el padecimiento de los venezolanos en tierras lejanas.

-En uno de los videos divulgados advirtió- se aprecia a varios niños del Perú rechazando a los migrantes venezolanos y pidiendo a las autoridades de su país que cierren la frontera.

Otras imágenes aprecian el momento cuando una madre le reclama a un profesor de dicha nación por el trato cruel que le dio a un estudiante venezolano a quien presuntamente le exigió sentarse lejos de los otros alumnos.

MIGRANTES UNIVERSITARIOS EN ARGENTINA

El 20 de mayo de 2021 la periodista María de los Ángeles Graterol, de TalCual, en el reportaje "Los rostros detrás de las cifras de migrantes venezolanos en Argentina", reveló que seis de cada diez personas de Venezuela que emigraron a la Argentina llegaron con un título universitario en la maleta, siendo Ingenieros, administradores y trabajadores de la salud son las tres profesiones que más se repiten cuando se indaga al respecto.

Luego detalló:

-La diáspora que padece Venezuela desde 2016 convirtió a la Argentina en el quinto territorio de la región que más alberga migrantes venezolanos. Cuatro años después de haber iniciado su desplazamiento, la cifra oficial de connacionales radicados en la nación austral llegó a los 175.799 en diciembre de 2020. Para marzo de ese mismo año, datos de la Plataforma de Coordinación para Refugiados y Migrantes de Venezuela, señalaban que la población migrante era de 4,9 millones.

Las facilidades migratorias de aquel país dieron cabida a aumento exponencial de las radicaciones de venezolanos que, según la consultora argentina Adecco, vienen creciendo sostenidamente desde hace diez años. Entre 2009 y 2018 se radicaron en Argentina 130.820. Sin embargo, de ese total, el 53,91% llegó en 2018.

Y a continuación explicó:

-Una de las principales razones por las que los venezolanos deciden migrar a esa nación es la buena actitud hacia los inmigrantes. Y ¿Cómo no tenerla? Los impuestos que paga la población inmigrante generan una contribución fiscal neta equivalente al 2% del producto interno bruto (PIB) de Argentina, lo cual, de acuerdo con el estudio de la Organización Internacional de Trabajo y la Organización para la Cooperación y el Desarrollo Económicos (OCDE) "¿Cómo los inmigrantes contribuyen a la economía de Argentina?", es un impacto económico positivo, aunque no muy grande.

Pero esas cifras tienen rostro. Oswaldo Avendaño, uno de los tantos migrantes profesionales en Argentina, se ha tomado la tarea de retratar a aquellos que, como él, tuvieron que salir de Venezuela en busca de un mejor futuro y decidieron que esa nación era la mejor opción. Es el autor de #ShoSoyDeVenezuela, un proyecto cuyo objetivo es, a través de retratos y textos, humanizar y mostrar el lado amable de la migración venezolana.

"Los migrantes vivimos con sentimientos contradictorios: podemos estar felices en una reunión, pero tristes por no estar en esa reunión con las personas que amamos; podemos estar nostálgicos por no estar en Venezuela, pero felices al mismo tiempo por desarrollarnos en el país que escogimos para vivir y empezar de cero. Los retratos buscan evidenciar eso: las emociones con las que batallamos diariamente", explicó el periodista.

Posteriormente aclaró:

-Él forma parte de los 80.199 venezolanos que escogieron la Ciudad de Buenos Aires para vivir. Aunque no existen actualizaciones oficiales de esa cifra, más de la mitad de la población migrante de venezolanos se encontraba en la capital argentina para 2018, según la Dirección Nacional de Migraciones. También pertenece al 8% de connacionales que está en ese país cuya profesión es el periodismo.

Con su trabajo como periodista independiente busca contar no las historias de la diáspora que han sido marcadas por la desgracia, sino aquellas que visibilizan el verdadero aporte y contribución que han representado los venezolanos para la Argentina. Testimonios de ingenieros, abogados y de muchos otros profesionales que llegaron a ese país pueden leerse en el portal web #ShoSoyDeVenezuela, donde la diáspora venezolana deja de ser sólo número y se transforma en humanos.

Con los venezolanos, la Argentina está recibiendo la mano de obra más calificada de la historia, según dijo Lelio Mármora, director del Instituto de Políticas de Migraciones. Y es que seis de cada 10 venezolanos llegan a esa nación con un título universitario. Sin embargo, esto no garantiza que puedan obtener un empleo relacionado con su área de especialidad.

Otro caso.

-Edith Ramos es cirujana. No pudo terminar su postgrado en Venezuela, pero obtuvo su título de médico y con eso se fue en 2018. Ya tiene casi tres años en la nación austral, pero no fue sino hasta 2020 cuando pudo empezar a ejercer su carrera. La pandemia la benefició, a ella y a los cerca de 250 doctores venezolanos que, por el decreto nacional 260/2020 del gobierno de Alberto Fernández, fueron autorizados a trabajar en hospitales de las provincias para atender pacientes contagiados con COVID-19.

Aún no tiene matrícula, sigue buscando la convalidación de su título a través del ministerio de Salud argentino, pero mientras logra hacerlo se ha dedicado a cubrir la deficiencia de atención médica por escasez de profesionales de la salud que la OIM asegura existe en el interior de ese país. Cerca del 30% de las residencias que promociona el Estado argentino quedan vacantes, porque son lugares inhóspitos, pueblos rurales del norte y el sur de Argentina. Esos espacios están siendo cubiertos hoy por parte de la migración venezolana.

Ramos, quien además es la secretaria de la Asociación de Médicos Venezolanos en Argentina, explicó:

-Hay vacantes que no han sido ocupadas por médicos argentinos por ser zonas muy rurales. El decreto nacional de urgencia nos habilitó de forma extraordinaria para poder ejercer y llenar esos espacios en los hospitales que más lo necesitan. Hay médicos venezolanos en la provincia de Buenos Aires, Santa Cruz, La Pampa, Río Negro, Corrientes, La Rioja, Neuquén, Santa Fe.

TalCual señaló también:

-Al principio tenía sólo una guardia, pero a medida que se fueron dando cuenta de lo trabajadora que era, de su calidad humana, fue haciendo nombre en el hospital municipal de San José, un pueblo pintoresco llamado Capilla del Señor, en donde el grueso de la población es longevo, y por tanto con mayor riesgo de complicarse por el virus.

Ahora, aunque su especialidad sea otra, -cardiología, anestesiología, etc.- los médicos venezolanos distribuidos en los centros municipales de atención hospitalaria están atendiendo todo lo relacionado como medicina interna, porque es la clínica autorizada para tratar el covid-19.

Y la profesional de la medicina señaló igualmente:

-Hemos hecho una comunidad diversa en el hospital, en donde hemos compartido cultura. Ya ellos (en referencia a personal sanitario argentino) han adaptado hasta nuestras propias costumbres. Se enamoraron de las arepas. Ha habido muy buena receptividad. Cuando dicen que soy médica venezolana a ellos se les pone una sonrisa en el rostro porque saben que somos personas que venimos a trabajar, preparadas. Nuestras universidades nos prepararon para atravesar cualquier pandemia porque somos brillantes. Y los pacientes siempre nos llevan detalles porque están muy agradecidos por la atención, nuestro trato es distinto, somos un poco más cálidos. Ellos eso lo notan, ven la diferencia.

Asimismo, indicó que al principio "Tuvo que trabajar en una charcutería, en una heladería como cajera y finalmente como asesora de ventas en una compañía que, aunque le costó encontrar y ya no forma parte de ella, ahora considera su familia".

Respecto al perfil profesional la periodista de TalCual destacó:

-Los migrantes venezolanos que migraron hacia Argentina, en su mayoría tienen estudios superiores: 60,4% llegó con un título universitario; un 7% con estudios de postgrado. Las cifras sobrepasan la de aquellos que sólo culminaron sus estudios de primaria o bachillerato. Casi roza el 10% aquellos que cursaron una tecnicatura superior o media, de acuerdo con datos del Monitoreo de Flujo perteneciente a la Matriz de Seguimiento de Desplazamiento (DTM), una herramienta de seguimiento a la dinámica de migrantes venezolanos desarrollada por el Organización Internacional para las Migraciones (OIM).

Luego apuntó:

-Para 2019, según cifras del Sistema de Admisión de Extranjeros que reseña Efecto Cocuyo, de casi 120.000 connacionales que había en esa fecha en Argentina, 16.234 eran ingenieros, 10.860 administradores y empresarios, 4.517 trabajadores de la salud, 3.377 abogados, 2.169 periodistas, 1.542 chef, 1.458 docentes y 1.290 arquitectos. El 64,8% restante ejercía otros oficios.

Y después precisó:

-Albert Garrido entró en el grupo de los migrantes amantes de la cocina. Al principio encabezó el grueso del 60% de los venezolanos que no encontraba trabajo estable, pero luego eso cambió. Estuvo como chef en un restaurante que para él era el Miga's venezolano. Allí pasó tres meses, pero no tuvo la libertad de innovar y fusionar la cultura venezolana y la argentina en sus platos porque ya tenían un menú preestablecido. Pero pronto, otro restaurante con cocina de autor le dio la oportunidad de tomar la batuta y allí se sintió finalmente a gusto.

Garrido reveló:

-Acá a Argentina es un lugar que es muy gastronómico, se maneja mucho con la parte del turismo. La primera fuente de trabajo es la gastronomía, así que sí es algo fácil conseguir trabajo en esa área como tal, aunque, no te voy a negar, ahora se complica un poco con la pandemia. Siempre se consigue, la cosa es qué quieres encontrar.

TalCual advirtió:

-Él decidía qué platos hacer, qué contornos acompañaban qué, y sentía que podía darle un toque criollo a la comida argentina que, según su experiencia, por ser siempre un país acostumbrado a la migración es multicultural en lo que a gastronomía se refiere, pese a que piensa que predomina la fusión asiática.

Aunque le gusta su trabajo como chef, los fines de semana lo hacía como camarero, pues por las propinas a fin de mes puede duplicar o triplicar lo que hace como cocinero, que aparte del sueldo no tienen ingreso extra.

MIGRANTES EN BRASIL SIN TRABAJO Y SIN ATENCIÓN MÉDICA

Los migrantes venezolanos en Brasil pasan las de Caín para tener trabajo y atención, reportó Lenny Castro, de Voz de América, el 19 de mayo de 2021.

La fuente, cuyo trabajo fue reproducido en TalCual, agregó:

-Cerca de 260.000 migrantes venezolanos que viven en Brasil, "enfrentan obstáculos en el acceso a servicios sociales, el mercado laboral formal y el sistema educativo", afirma un nuevo estudio realizado de manera conjunta por el Banco Mundial y ACNUR.

Según el documento, muchas de las trabas que enfrenta la diáspora venezolana en Brasil se derivan de las "barreras lingüísticas y de las dificultades que se presentan al momento de corroborar capacidades profesionales o de validar la documentación que ampara su formación educativa".

Luego indicó:

-Rovane Battaglin Schwengber, experta en protección social del Banco Mundial, explicó que el estudio fue realizado en el periodo comprendido entre 2017 y el año 2020, tomando en cuenta datos "censales y administrativos".

cicune.org

"Esperamos que nuestras recomendaciones ayuden a que las personas venezolanas encuentren un hogar en Brasil", puntualizó Schwengber.

Entre la información divulgada destaca que, pese a que el nivel educativo de la población venezolana en Brasil es el mismo que el de los ciudadanos de ese país, los primeros tienen un 64% menos probabilidades de obtener un empleo en relación con su contraparte brasileña.

Castro igualmente precisó que "la niñez venezolana tiene un 53% menos probabilidades de asistir a la escuela", ya que "Según el censo educativo de 2020, apenas 37.700 menores de Venezuela se inscribieron en la escuela en contraste con los niños nativos".

De igual modo explicó:

-Aquellos menores que si asisten a la escuela se enfrentan a situaciones tales como: escuelas sobrepobladas y falta de maestros que hablen su idioma, entre otros.

El estudio también revela que, solo el 12% de la población venezolana en edad productiva en Brasil tiene un empleo formal y por lo general, suelen trabajar más tiempo, sus sueldos están por debajo que de los ciudadanos brasileños y su estabilidad laboral en muchos casos es precaria.

Por otro lado, "La inclusión e integración en otro país constituyen un proceso a largo plazo cuya efectividad requiere compromiso, recursos y un enfoque verdaderamente integral", a juicio de Nikolas Pirani, economista asociado de ACNUR que participó en el estudio.

LOS MIGRANTES VENEZOLANOS TRABAJAN EN CONDICIONES INDIGNAS

El 24 de mayo de 2021 la periodista Ariadna García, del portal El Diario, reportó:

-Un estudio de la Organización Internacional del Trabajo advierte que los trabajadores migrantes y refugiados venezolanos trabajan en "condiciones indignas". En Colombia y Perú la mitad de los repartidores percibe menos de 200 dólares al mes, pese a trabajar un promedio de 10 horas diarias seis días a la semana.

Y agregó:

-La pandemia por COVID-19 llevó a algunos países de la región a convocar a migrantes calificados para que apoyaran en primera línea durante la emergencia sanitaria. Sin embargo, un estudio de la Organización Internacional del Trabajo (OIT) y la Plataforma de Coordinación para Refugiados y Migrantes de Venezuela R4V, basado en los migrantes venezolanos, revela que los trabajadores se desempeñan en condiciones precarias, no cuentan con servicios de salud y aún existen muchísimas trabas para convalidar los títulos.

Los repartidores a domicilio, un sector que ha crecido en los países debido a las medidas de confinamiento, también se enfrentan a condiciones laborales "indignas", como las calificó el director regional de la OIT para América Latina y el Caribe, Vinicius Pinheiro. La mayoría no cuenta con seguros de accidentes pese a desempeñarse en autos o bicicletas.

Luego explicó:

-En Colombia y Perú la mitad de los repartidores percibe menos de 200 dólares al mes, aunque trabajan un promedio de 10 horas diarias seis días a la semana. Además, el estudio muestra que existen brechas de género, pues los ingresos de los hombres mejoran por encima de los que ganan las mujeres: 23 % de los hombres manifiesta tener buenos ingresos y en el caso de las mujeres la cifra baja a 9 %.

Pinheiro destaca que los trabajadores migrantes y refugiados están entre los grupos más afectados por la pandemia de COVID-19 porque no tuvieron acceso a medidas de protección.

De igual modo apuntó:

-En Colombia el 17 % de los repartidores que trabaja para plataformas digitales de comida o medicinas son migrantes o retornados; en Perú 50 % proviene de otros países y en Argentina 23 %. Quienes se desempeñan en esta área están desprotegidos: apenas 30 % de los trabajadores manifestó contar con un seguro de accidente. En Argentina 58 % afirma no tener seguro de salud y 98 % de los trabajadores no pertenece a algún sindicato u otro tipo de asociación que pueda velar por sus derechos.

El estudio llamado "#MigrantesEnAcción: los Trabajadores Migrantes Venezolanos en el sector salud y en las plataformas de reparto frente a la pandemia de COVID-19 en América Latina" se basó en Argentina, Brasil, Colombia, Chile, México y Perú, fue presentado este 24 de mayo a través de una conferencia virtual en la plataforma Zoom.

Seguidamente especificó:

-Los migrantes que están en el sector salud también laboran en condiciones vulnerables. La OIT calcula que solo 10 % tiene seguro en caso de incapacidad o muerte a causa del coronavirus. Asimismo, las dificultades para convalidar los títulos académicos han hecho que se desperdicie el talento. En esos países hay alrededor de 30.000 profesionales de la salud, pero solo 52 % ejerce su profesión y apenas 26 % cuenta con la convalidación de títulos. La pandemia llevó a relajar los requisitos y permitir que más médicos y enfermeras venezolanas pudieran prestar sus servicios en el área.

A juicio del representante de la OIM, la pandemia ha propiciado que se incluya a los migrantes en primera línea de atención de la enfermedad, pero paradójicamente no pueden acceder a estos servicios de salud. "Es una población que tiene una educación calificada, pero antes de la pandemia perdían su estatus ocupacional, al no poder convalidar los títulos". La mayoría termina dedicándose a la informalidad y sobrevive vendiendo golosinas o comida en las calles.

Posteriormente señaló:

-Vinicius Pinheiro dijo que demasiadas horas de labor hipotecan la salud de los trabajadores. Además, agregó que implica problemas cardiovasculares y otras enfermedades que atentan contra la salud. "Se trabaja con plataformas digitales del siglo XXI, pero las condiciones laborales son del XIX", lamentó.

Solo la mitad de los trabajadores tiene contratos. En el caso de la dotación de equipos de protección personal y acceso a seguros hay una mejora para los hombres. En esa área también se evidencia una desigualdad por género.

Después precisó:

-El enviado especial de la OIM, Diego Beltrand, dijo que estos resultados permiten analizar y hacer políticas para avanzar en la agenda 2030 que aspira al desarrollo de los países. Una tarea para las naciones de acogida es acelerar los trámites que permiten a los migrantes hacer la convalidación de títulos y los certificados de saberes. También exhortó a trabajar en acabar con las desigualdades de género, pues las condiciones de trabajo son más desfavorables para las mujeres que para los hombres.

La Plataforma de Coordinación para Refugiados y Migrantes de Venezuela calcula que hay 5.643.665 personas migrantes, refugiados y solicitantes de asilo venezolanos en el mundo. El éxodo de venezolanos de los últimos cinco años es una de las crisis migratorias recientes más relevante de la región.

LOS MIGRANTES DEL SECTOR SALUD FUERON FUNDAMENTALES EN AMÉRICA LATINA PARA ATENDER LA PANDEMIA

El 25 de mayo de 2021 El Nacional, con información de la agencia de noticias EFE, reportó:

-La pandemia del coronavirus facilitó la incorporación al mercado laboral de migrantes y refugiados venezolanos del sector salud en América Latina, y reveló el papel esencial que desempeñan como actores de desarrollo en la región, a pesar de ejercer sus labores en condiciones poco favorables.

Así lo revela un estudio divulgado por la Organización Internacional del Trabajo (OIT), que busca visibilizar el aporte de este cuerpo de profesionales de la salud proveniente de Venezuela en la lucha contra el covid-19 en Argentina, Brasil, Colombia, Chile, México y Perú.

Y continuó:

-Estos seis países latinoamericanos concentran aproximadamente 3,6 millones de personas refugiadas y migrantes de Venezuela. Esto representa cerca de 70% del total de esta población alrededor del mundo.

La OIT estima que, en estos países de acogida, hay al menos 20.000 médicos venezolanos. Aunque advierte que las cifras reales podrían ser significativamente superiores, a falta de datos oficiales.

Seguidamente explicó:

-El informe se denomina "El aporte de las personas refugiadas y migrantes venezolanas frente a la pandemia del covid-19 en los servicios esenciales de salud". Y subraya que la respuesta de algunos países para superar el déficit de profesionales sanitarios abrió puertas a refugiados venezolanos, quienes comenzaron a laborar en la primera línea de la batalla contra el virus, independientemente de contar o no con los requisitos legalmente establecidos.

Al respecto el director de la OIT para América Latina y el Caribe, Vinícius Pinheiro, señaló:

-Los trabajadores migrantes y refugiados, lejos de ser 'vulnerables', han sido pilares de las economías de la región desde que empezó la pandemia.

El citado estudio reveló que apenas 52% de los profesionales sanitarios venezolanos ejerce su profesión, pues solo tres de los seis países analizados (Perú, Chile y Argentina) promulgaron decretos que promueven la contratación temporal y transitoria de profesionales de salud nacionales y extranjeros durante la emergencia sanitaria.

Asimismo, alertó sobre el exceso de trabajo por parte de estos profesionales, que laboran un promedio de 48 horas semanales por un sueldo de entre 300 y 1.000 dólares.

-Además, -precisó- alrededor de la mitad no tiene contrato de trabajo, y solamente 10% cuenta con un seguro de vida en caso de incapacidad o muerte a causa del covid-19

En este sentido, la OIT hizo un llamado a desarrollar políticas públicas que fomenten a contratación de personal de salud migrantes bajo un enfoque de trabajo decente, que ofrezca garantías de respeto a sus derechos.

Por otro lado, un segundo estudio reforzó esta idea, en relación con la compleja situación laboral que viven los refugiados venezolanos que, en medio de la crisis sanitaria, vieron una oportunidad de empleo en el sector de reparto de alimentos y medicinas.

-En concreto, -indicó la fuente- el informe precisa que, en Colombia y Perú menos de 30% del personal encuestado cuenta con un seguro contra accidentes; y menos de 20% con un seguro de salud.

En Argentina, este último porcentaje asciende a 58%.

LA XENOFOBIA DE LA NARCODICTADURA HACIA LA DIÁSPORA

A juicio del sociólogo Tomás Páez, cuando se habla de brotes de xenofobia contra los migrantes venezolanos lo primero que se debe tener en cuenta es que según el gobierno de Nicolás Maduro la diáspora no existe, según reportó el 22 de junio de 2021 el periodista Abelardo J. Pérez, de TalCual.

Páez, coordinador del proyecto global de la diáspora venezolana, confió al periodista que a la hora de analizar el tema de la xenofobia que muchas veces padecen los venezolanos que decidieron salir del país, no hace falta ir muy lejos.

-No busquemos en los demás países –precisó- lo que ya tenemos en Venezuela. Empezamos a buscar actos de xenofobia en Colombia o de parte de liderazgos en Perú, o por una diputada en Panamá que se pronuncia, pero nos olvidamos de lo central: que según el gobierno de Nicolás Maduro la diáspora no existe; no hay peor acto de xenofobia que desconocer la existencia del otro y no fue sino hasta hace muy poco que Maduro dijo que podía aceptar que había como 600 mil venezolanos fuera del país.

No está de más señalar que los pocos venezolanos que se acogieron a la mal llamada Vuelta a la Patria impulsada por la narcodictadura, fueron maltratados al pisar suelo venezolano tanto verbalmente como material, siendo confinados en depósitos humanos, sin atención médica y comida de mala calidad. Un sacerdote zuliano chavista, Numa Molina, los tildó de bioterroristas

El experto en el fenómeno migratorio venezolano consideró además que la postura del gobierno a la hora de desconocer la diáspora no solo se circunscribe al discurso, sino que literalmente lo traduce en acciones para hacer que las cosas sean verdaderas.

Y en efecto ordena al Instituto Nacional de Estadísticas no producir información sobre la diáspora.

-Es decir, -advirtió- no solamente no existe en el discurso político del régimen, sino que al mismo tiempo el INE, que desde hace un montón de años producía información sobre flujos migratorios, hoy no dice nada, guarda silencio y eso es un doble acto xenófobo.

Y añadió que el Servicio Administrativo de Identificación, Migración y Extranjería (SAIME) por mucho tiempo mantuvo una política de negarle la documentación a los venezolanos en el exterior lo cual ha provocado que los países receptores acojan a personas sin documentos ni pasaportes.

También señaló que es otro gesto de xenofobia cuando el gobierno venezolano, al no reconocer la existencia de esa diáspora, tampoco la atiende y por eso tenemos niños apátridas e indocumentados que no tienen nacionalidad.

Luego recordó que, en 2018, durante la Asamblea General de las Naciones Unidas, en Nueva York, Maduro dijo que el éxodo de venezolanos "era una gran mentira", cuando ya para ese momento teníamos cerca de cuatro millones de compatriotas fuera del país.

-Y eso -se lamentó- duele porque la diáspora significa hoy el primer o segundo rubro de ingreso de divisas para Venezuela. Son millones de venezolanos, el estado más grande del país y no existe para el gobierno…el primer ataque del gobierno chavista contra la diáspora se produjo tras el fracaso del paro petrolero (2002-2003), cuando el entonces vicepresidente José Vicente Rangel dijo que unos "tontillos" se habían ido a sufrir…que habían partido del cielo, que es el socialismo venezolano, a sufrir y a padecer en el exterior. Es el argumento que mantiene Maduro cuando los llama lava retretes o mesoneros, es la otra parte del discurso xenófobo. No dicen 'se está yendo la gente, me preocupa la situación de esa población', sino que afirman que se van para sufrir, padecer, para recibir insultos

Páez aseguró que, a la fecha, de acuerdo con cifras que maneja, más de seis millones y medio de venezolanos están fuera del país (en 90 países y 300 ciudades), es decir, un millón más de lo que dice la Organización Internacional para las Migraciones (OIM).

Igualmente afirmó que las palabras contra los venezolanos de personeros como la alcaldesa de Bogotá, Claudia López; o la diputada panameña Zulay Rodríguez (cuyo padre fue emigrante en Venezuela) o la congresista peruana Esther Saavedra –a pesar de que décadas atrás Venezuela fue el tercer país de destino de la migración peruana–, no se compaginan con lo hecho por los gobiernos de sus países.

-Han atendido a los venezolanos, -destacó- en lo que respecta a Colombia. los vacunan, van a dar a luz las parturientas nuestras en Pamplona, Cúcuta y por la vía de Maicao, Santa Marta y Riohacha llegan hasta Barranquilla y ahí tenemos unos cuantos miles de parturientas.

> *Cabe destacar que en la era democrática parturientas colombianas daban a luz sus hijos en la Maternidad Concepción Palacios, de Caracas, y en el hospital de San Cristóbal, Estado Táchira.*

Posteriormente subrayó que uno de los mitos más frecuentes utilizados es la afirmación acerca de que las diásporas destruyen el empleo y el salario, entre otras cosas, cuando, a su juicio, es todo lo contrario: "Generan riqueza. Antes de consumir algo el inmigrante se toma un cafecito y un cafecito multiplicado por dos millones de venezolanos en Colombia son dos millones de dólares en cafecitos, nada más.

Asimismo, estimó que la demanda agregada de bienes y servicios, que impulsa la diáspora, no la consideran quienes atacan la presencia de venezolanos en sus países, por cuanto "Hay que armar bien el tinglado de información, porque se trabaja con mitos que además están extendidos en la literatura y en el mundo político".

La fuente periodística señaló luego:

-Por su parte, el sociólogo Tulio Hernández afirma que, a pesar de su profundo impacto social y mediático, la diáspora venezolana no ha trastocado el panorama político de Colombia, Perú, Chile, Ecuador, Brasil y Argentina.

Considera que el tema, en ninguno de esos países – salvo en coyunturas muy precisas– se ha convertido en punto central del debate político.

Hernández agregó al anterior punto de vista:

-No creo que la diáspora venezolana sea un elemento principal. Los dilemas que tiene Chile con la insurrección popular de finales del año pasado y la convocatoria a una Constituyente. El tema colombiano del proceso de paz, de la polarización extrema del narcotráfico y las maneras de combatirlo hacen que, sí, el tema venezolano sea importante, pero no un elemento principal.

Un poco más en Perú, donde el fujimorismo lo ha utilizado como pretexto proselitista; un poco más en Chile, donde a última hora (Sebastián) Piñera ha tomado algunas iniciativas de militarización al norte de sus fronteras con Perú para bloquear la entrada de venezolanos y mucho menos en Argentina, Ecuador y Colombia. Así que no creo que el éxodo venezolano a estos países haya trastocado el panorama político

Hernández, radicado en Colombia, subrayó además que, a la hora de analizar el fenómeno migratorio, se debe separar muy bien el concepto de xenofobia, que es el rechazo y la discriminación a los extranjeros, al de aporofobia, que es el repudio hacia los pobres.

-Cuando llegaron las primeras olas migratorias venezolanas a Colombia –recordó- a partir de 2004, que eran inversionistas, altos ejecutivos petroleros o ingenieros de PDVSA expulsados por Chávez, nadie habló de xenofobia, pero cuando empezaron a llegar los pobres y las calles se empezaron a llenar de mendigos y vendedores informales, entonces sí comenzó el rechazo.

LA ALCALDESA DE BOGOTÁ NO QUIERE A LOS VENEZOLANOS

El 11 de noviembre de 2020 TalCual reportó:

-Dos tribunales han admitido acciones de tutela judicial iniciadas por abogados venezolanos residentes en Colombia que acusan a Claudia López, alcaldesa de Bogotá, por discriminar a migrantes al retratarlos como criminales. Le exigen retirar tuits publicados y ofrecer una disculpa pública.

Y agregó:

-La alcaldesa de Bogotá, Claudia López, enfrenta dos acciones judiciales en su contra luego de dar un discurso y publicar tuits contra migrantes venezolanos que residen en Colombia el 30 de octubre, que han sido considerados como xenófobos.

La primera acción se presentó ante tribunales el 4 de noviembre por parte del abogado venezolano José Francisco Novoa, residente en Envigado, Antioquia, denunciando a la alcaldesa López de haber afectado su derecho fundamental "a la igualdad y a no ser discriminado en función de mi origen nacional, conforme el artículo 13 de la Constitución Política".

Acto seguido señaló:

-Luego de explicar el fundamento de su petición, Novoa pide al tribunal que "se me tutele el derecho fundamental a la igualdad y a no ser discriminado por mi origen nacional", y que como consecuencia se le ordene a la alcaldesa de Bogotá "que retire de su cuenta de Twitter la publicación realizada" y que, como acto de reconciliación, "emita una disculpa pública por las referidas declaraciones, a través de un acto público que tenga difusión en sus redes sociales, y que se comprometa a no volver a proferir un acto discriminatorio como el denunciado en la presente tutela.

Luego aclaró:

-Aunque reside en Medellín, Novoa explica que, por la relevancia del cargo de Claudia López, ella no solamente representa a la ciudad capital, sino que también es imagen de Colombia a nivel mundial. "Las declaraciones de la alcaldesa de Bogotá fueron discriminatorias hacia los venezolanos, no se puede generalizar la comisión de delitos con base a la nacionalidad de una persona. Por ello presenté la acción de tutela, para que un Juzgado verifique que esas declaraciones atentan con el derecho a la igualdad y no discriminación establecidos en la Constitución Política de Colombia. La tutela ya fue admitida, están transcurriendo los días para que el Juzgado decida si la declara con lugar.

TalCual igualmente precisó que Novoa nació en Caracas, pero heredó de los padres la nacionalidad colombiana.

Según la fuente, se graduó de abogado en la Universidad Central de Venezuela, pero tiene su título homologado en Colombia, por lo cual puede ejercer el derecho en ese país.

-Esta acción la presenté –le confió a TalCual- por todos los venezolanos que estamos en Colombia y por los venezolanos en general, tanto en Venezuela como en otros países...la alcaldesa no midió que sus palabras exponen a los venezolanos al odio o a ser rechazados por las demás personas, en el entendido que ella ejerce un cargo de elección popular y por lo tanto sus palabras repercuten en la sociedad de manera muy superior a si las emitiera un particular, por lo que asociar a los venezolanos a una manera tan genérica con actividades criminales en una expresión por demás peyorativa, el resultado no puede ser otro que de odio y desconfianza hacia los venezolanos.

En paralelo, el 8 del mismo mes y año, se inició otro proceso judicial contra la alcaldesa de Bogotá por la misma causa. En este caso, el abogado venezolano Hernando Soto exigió "dictar las órdenes necesarias para que se retire la publicación realizada en la cuenta oficial de Twitter de la Alcaldía de Bogotá", alegando que la funcionaria colombiana violó su derecho fundamental- el del abogado- a la igualdad y a no ser discriminado.

> *La alcaldesa de Bogotá, Claudia López, ha seguido apuntando la supuesta responsabilidad de migrantes venezolanos en actos delictivos. El domingo 8 de noviembre aseguró que el 48% de los hurtos que se registran en el Transmilenio, sistema de transporte utilizado en la capital de Colombia, son perpetrados por supuestas bandas criminales conformadas por venezolanos, mientras que el restante 52% es cometido por delincuentes colombianos.*

La acción de Soto fue admitida por el Juzgado Segundo Civil Municipal de Oralidad.

Más adelante TalCual indicó:

-Claudia López, ante el clima de criminalidad en Bogotá, dijo en un discurso público el 29 de octubre que migrantes venezolanos dedicados a la delincuencia "nos están haciendo la vida de cuadritos", y que llevaría de nuevo a Migración Colombia para deportar "sin contemplación" a aquellos migrantes que lleguen a delinquir en la metrópoli.

En esa ocasión, el diputado Tomás Guanipa, representante en Colombia del presidente de la Asamblea Nacional Juan Guaidó, rechazó las declaraciones emitidas por la alcaldesa Claudia López, diciendo que, aunque es cierto que se debe aplicar el peso de la ley a aquellos que delinquen, la postura de la edil "estigmatiza" a los venezolanos, y, a su juicio constituyen un acto de xenofobia.

Juan Francisco Espinosa, director de Migración Colombia, ha dicho que el 96% de los hurtos ocurridos en el país son cometidos por colombianos y apenas el 4% por extranjeros. "Del universo de población privada de la libertad, aproximadamente el 2,7 % corresponde a extranjeros, y el 1.5 % a migrantes venezolanos. Quiere decir, que el total de venezolanos privados de la libertad en Colombia equivale al 0.08 % del total de venezolanos radicados en territorio nacional".

Agregó el funcionario colombiano que solo el 3,2 por ciento de los delitos que se presentan en Colombia, son cometidos por ciudadanos venezolanos.

TalCual apuntó igualmente que "Las organizaciones Migration Policy Institute (MPI) y Brookings Institution realizaron un estudio en el que determinaron que, en Colombia, los venezolanos cometen menos delitos violentos que el porcentaje que representan dentro de la población general.

-Sin embargo, la cifra de delitos menores es superior, "el 5,4% de todos los arrestos fueron de venezolanos, una tasa más alta que su proporción en la población. La mayoría de estos delitos, sin embargo, fueron denunciados en regiones fronterizas, lo que quizás sea un reflejo de las redes de tráfico ilícito que operan a través de la frontera entre Colombia y Venezuela," señala el estudio reseñado por RFI.

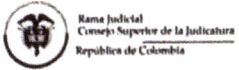

JUZGADO 11 PENAL MUNICIPAL CON FUNCIÓN DE CONTROL DE GARANTÍAS
Cra 28ª Nº 18A – 67 Complejo Judicial de Paloquemao
Piso 1 Bloque A
TELÉFONO 2779323
j11pmgtia@cendoj.ramajudicial.gov.co

CONSTANCIA. - Bogotá, D.C., 05 de noviembre de 2020.-

Al Despacho la presente acción de tutela, instaurada por **JOSE FRANCISCO NOVOA NONTOA**, contra **CLAUDIA NAYIVE LOPEZ HERNANDEZ - ALCALDESA MAYOR DE BOGOTA -**, por presunta vulneración del derecho a la igualdad y a no ser discriminado en función de su origen nacional. Se asignó por reparto y fue radicada bajo el No. **2020-0145**. Sírvase Proveer.-

CLAUDIA M. CONTRERAS NIETO
SECRETARIA

JUZGADO 11 PENAL MUNICIPAL CON FUNCIÓN DE CONTROL DE GARANTÍAS

Bogotá DC., cinco (05) de noviembre de dos mil veinte (2020)

En atención al informe secretarial que antecede, por ser competente este Juzgado para conocer de esta acción de tutela, instaurada por **JOSE FRANCISCO NOVOA NONTOA**, contra **CLAUDIA NAYIVE LOPEZ HERNANDEZ - ALCALDESA MAYOR DE BOGOTA -**, se AVOCA su conocimiento; en consecuencia, córrase traslado del escrito a la accionada, para que, dentro del término improrrogable de dos días, contados a partir del recibo de los documentos, se pronuncie en torno a los hechos y a las pretensiones.

Comuníquesele al accionante que éste despacho, mediante auto de la fecha, AVOCÓ el conocimiento de la acción constitucional y que atendiendo lo dispuesto en el artículo 29 del Decreto 2591 de 1991, el despacho tiene un término de 10 días hábiles, para emitir el respectivo fallo.

COMUNÍQUESE Y CÚMPLASE

RUBEN DARIO DE JESUS FORERO BRICEÑO
JUEZ

POLICÍA PERUANO ASESINÓ A VENEZOLANA EMBARAZADA

El 22 de junio de 2021 El Nacional reportó:

-Yhoana Colmenarez, de 26 años, murió de un disparo en la cabeza. Uno de los testigos asegura que le pidió al funcionario que no accionara el arma contra la mujer.

Y agregó:

-Un funcionario de la policía de Perú mató a una mujer de nacionalidad venezolana durante una redada la noche del domingo 20 de junio en la localidad de Puerto Maldonado.

El periodista Sergio Novelli informó que el operativo tenía como finalidad hacer respetar el toque de queda que ha sido decretado en Perú en horas de la noche.

En un video difundido en Twitter por el periodista, se observa el momento en que los uniformados se llevan detenidas a varias personas.

Al parecer, el funcionario accionó su arma y la bala alcanzó, por error, a la mujer de 26 años, quien fue identificada como Yhoana Colmenarez.

Después indicó:

-Sin embargo, uno de los testigos asegura en el video que durante los hechos le pidió al policía que bajara el arma para que no le disparara a Colmenarez.

"Yo soy testigo, porque yo le dije al policía que bajara el arma y él la mató. Él la mató. La bala me pegó aquí en el brazo cuando salió de la cabeza de ella, dijo el hombre en el video.

CAMINÓ DESDE ECUADOR A VENEZUELA CON SU PERRITA

Las dificultades económicas que confrontaba en Ecuador el migrante Albert Caballero, debido al virus chino, lo obligaron a caminar de regreso al país, acompañado de su perrita Cholita, a la que le fabricó unos zapatos de tela para evitar que sufriera daños en sus patas.

El 22 de junio de 2021 la periodista Jackelin D., del portal El Diario, relató la odisea:

-Fueron más de 60 días caminando desde Ecuador. El venezolano Albert Caballero narró en su cuenta de Facebook que no quiso abandonar a la perrita que había adoptado cuando llegó a ese país como migrante. Al no tener recursos, decidió volver a Venezuela, pero acompañado con Cholita, su mascota.

Debido a la pandemia del covid-19, la situación se tornó inestable y tuvo que tomar la decisión de regresar a Venezuela. En la publicación relata que en los últimos meses se quedó sin trabajo y los ingresos que recibía no eran suficientes para poder mantenerse en Ecuador. Él emprendió el viaje con un grupo de migrantes y decidió viajar con Cholita, su mascota, una pequeña mestiza y su fiel compañera.

Fue una caminata de más de mil kilómetros.

-El venezolano Albert Caballero afirma —continuó— que, teniendo en cuenta las condiciones del viaje, se le ocurrió proteger y cubrir las patas de su perrita Cholita para así evitar que sufriera heridas por el extenso trayecto de más de 1.000 kilómetros a pie. Su mascota llevaba vendadas sus patas con una tela, además de pedazos de caucho que Albert consiguió en el camino y que le sirvieron de protección.

Albert también contó con la ayuda del grupo de migrantes que se ofreció a cargarla cuando se sintiera muy cansada. Al igual que muchos venezolanos, el joven migró buscando oportunidades que no tuvo en su país. Cuando llegó a Ecuador, la pandemia hizo más difícil la búsqueda de trabajo.

Se tuvo que rebuscar en la calle, y lo que ganaba no era suficiente para pagar los trámites de documentación para legalizarse en ese país. Como pasa con otros migrantes venezolanos, decidió que lo mejor era regresar y en otra oportunidad lo volvería a intentar, pero no quiso dejar atrás a Cholita.

Posteriormente la periodista destacó:

-El pasado 31 de mayo, Albert cruzó la frontera de Arauca entre Venezuela y Colombia. La historia se hizo viral el 20 de junio luego de que publicara su travesía en redes sociales. A su llegada al albergue, contó, Cholita fue llevada para ser chequeada por un veterinario.

El médico le indicó que la perrita había sufrido algunos daños en sus patas producto del viaje. Además de ser atendida por la desnutrición que presentaba, Cholita fue desparasitada y le indicaron tratamiento por una hernia que detectaron en su cuerpo.

El venezolano agradeció en su publicación a todas las personas que le ayudaron en todo el camino hacia su país natal. Aunque fue una idea que lo hizo dudar un poco, estaba consciente de que su perrita quedaría en situación de calle, pues no tenía un conocido que pudiera hacerse cargo de ella.

-Por otro lado, Caballero sentenció:

-Juntos nos enseñan que, a pesar del dolor, la pérdida y el rechazo, siempre habrá en el mundo alguien capaz de darlo todo por nosotros.

PERIODISTAS EN CHILE DESTACADOS POR SU TRABAJO

La diáspora inducida por la narcodictadura para establecer en nuestro país la peste del socialismo del siglo XXI, ha afectado a miles de agremiados del Colegio Nacional de Periodista forzándolos a formar parte de ese éxodo externo nunca ocurrido en Venezuela.

Ejercer el periodismo en estos tiempos de narcodictadura, en cualquiera de sus modalidades, es peligroso. Muchos periodistas, en labores propias de su profesión, han perdido la vida, han sufrido torturas en las mazmorras del régimen y a los detenidos no se les sigue el debido proceso, tal como lo establece la Constitución chavista y el Código Penal.

Esta peligrosa realidad ha impulsado a millares de periodistas a empezar una nueva vida en Chile, Estados Unidos, Argentina, Colombia, Brasil y Panamá, entre otros países.

El 27 de junio de 2021, Día Nacional del Periodista, Tahiana González, del portal El Diario, analizó el tema de los periodistas venezolanos en Chile.

Vale recordar que durante la dictadura de Augusto Pinochet

cicune.org

centenares de periodistas chilenos y de otros países se exiliaron en Venezuela y trabajaron en periódicos y revistas en igualdad de condiciones que los profesionales del periodismo venezolano

Y destacó de inicio:

-En Venezuela la incertidumbre siempre reina en quienes ejercen "el mejor oficio del mundo", como dijo el escritor Gabriel García Márquez refiriéndose al periodismo. Y es que ser periodista en un país en donde la violencia y la censura aumenta en los medios, es un reto que quienes se dedican a esta profesión deben asumir. Pero no solo lo viven quienes siguen en Venezuela, también los periodistas que tuvieron que emigrar debido a la crisis. Son ellos quienes desde la distancia siguen denunciando lo que ocurre en su país y, en muchos casos, promueven una migración llena de valores.

Luego señaló:

-En 2014 muchos celebraron el triunfo de un gobierno que resultó ser lo que otros intuían, un régimen. Para ese año ya cientos de venezolanos habían tomado la decisión de meter en una maleta sus vidas, algunos ahorros y poca ropa para encontrarse con una mejor calidad de vida en un nuevo país.

Mireya Tabuas presentía lo que iba a ocurrir en Venezuela. En ese año buscó un sinfín de oportunidades de estudios o profesionales en el exterior para salir del país y buscar una mejor vida para ella y su familia.

Ella contó:

-Cuando Nicolás Maduro ganó las elecciones decidimos que debíamos irnos del país. Intuimos lo que iba a pasar (…) gané una importante beca para hacer un magíster en Estudios Latinoamericanos en la Universidad Alberto Hurtado, en Chile. Pero, además, yo conocía Chile de antes y era un país que me gustaba mucho, en el que quería vivir.

González apuntó:

-El 21 de marzo de ese año llegó a Chile en plena temporada de otoño para iniciar con su beca completa. Y aunque no tuvo la necesidad de buscar empleo, la necesidad de ejercer su profesión siempre estuvo presente además de la experiencia de empezar de cero.

Tabuas explicó:

-Yo soy una migrante atípica, dado que llegué con una beca completa, así que no tuve que buscar trabajo hasta dos años después. Sin embargo, al principio fue difícil, por la nostalgia, por la separación de mis hijos (que debían quedarse unos meses más para culminar sus estudios), por la necesidad de ejercer mi oficio de periodista, por las dificultades propias de todo el que empieza de cero, sin un plato ni un cubierto. Pero debo reconocer que ahí también fui una mujer con suerte, porque grandes amigos me ayudaron.

González adicionó:

-Mireya Tabuas ha recibido más de 20 galardones por su labor como periodista y trabajos literarios. El último fue en 2015, en el que quedó como finalista en el Premio Internacional Alas BID del Banco Interamericano de Desarrollo, en la mención publicación.

Actualmente es docente de periodismo en pregrado y postgrado de la Universidad Alberto Hurtado. La misma que le brindó la oportunidad de rehacer su vida.

Tahiana González citó a otro migrante periodista, Víctor Higuera, quien se fijó como meta al dejar el país crecer en el ámbito personal y profesional.

Su primera opción fue Estados Unidos, en donde pudo ejercer su carrera, pero a los seis meses decidió irse a Chile por lo difícil que es poder obtener la residencia en el país norteamericano.

-Pedir asilo para mí –afirmó- no era ni es una opción porque esa condición te limita muchísimo. Allí empecé a trabajar en un canal de venezolanos como editor de noticias (…) estuve seis meses y me fui a Chile (…) Llegué el 11 de noviembre de 2016 y empecé a buscar opciones inmediatas como todos; sin embargo, se me presentó la opción del periódico El Vinotinto, creado por unos venezolanos para la comunidad venezolana.

La periodista de El Diario agregó al respecto:

-Desde entonces se estuvo desempeñando como periodista ahora también en Chile, en donde tiempo después asumió las riendas del medio. Actualmente es el director ejecutivo de El Vinotinto, con el que ha ganado reconocimientos no solo por la comunidad venezolana en Chile, sino además como reportero, maneja las redes sociales y realiza las entrevistas en Instagram.

…Aparte de El Vinotinto, Higuera también imparte clases de inglés en una academia de forma particular, desde hace tres años. Además, es aliado comunicacional de EVTV Miami, medio al que le comparte información semanalmente.

A Raúl Semprún lo obligó a migrar una granada que explotó en el estacionamiento del periódico zuliano Versión Final, donde se desempeñaba como jefe de información, y que afectó su vehículo.

Ello ocurrió en 2018 y el ataque, como represalia por mencionar el nombre de una banda criminal azote de la entidad, se viralizó en un video.

Él confió a la periodista de El Diario:

-Yendo a un abasto me enviaron un mensaje (con amenaza) y dije que tenía que irme del país porque sabía que podían matar a mi familia.

Igualmente indicó que primero viajó su hija mayor en avión a Chile, donde estaba su mamá y luego se trasladó vía terrestre con su esposa e hija de dos meses hasta el país austral.

-Llegué –recordó- el 5 de mayo de 2019. Recuerdo que cuando pasé lo que es migración en Chacalluta, en donde te revisan tu bolso, y vi el taxi que nos estaba esperando sentí una sensación de libertad, me dieron ganas de llorar. Yo tenía miedo de que no nos dejaran pasar porque mi esposa no tenía pasaporte.

Ya en Santiago empezó como la mayoría de los que llegan al exterior en busca de nuevas oportunidades.

-Empecé –señaló- amasando pastelitos y empanadas, pero a las tres semanas me lesioné la mano. Luego comencé a trabajar en seguridad. Era un trabajo muy fuerte porque laboraba dos horas, llegaba y no podía descansar porque debía ayudar a mi esposa con la bebé. Me despidieron. Después trabajé de seguridad en un galpón de vehículos que intentaron asaltar en dos oportunidades. Me comentaron que estaban solicitando a un periodista en una municipalidad de la Región Metropolitana de Santiago, envié el currículum y me llamaron. Estoy desde noviembre de 2019.

La periodista apuntó después:

-En un lapso en el que no tenía trabajo, un amigo y excompañero de trabajo contactó a Semprún para saber de él. En medio de la conversación surgió la posibilidad de crear un portal de noticias dirigido para los venezolanos.

Semprún indicó al respecto:

-Me dijo para hacer un periódico y me preguntó si era capaz de hacer siete notas. Las publicó y luego pensamos en el nombre y salió Crónicas de Chile.

González explicó sobre ese medio:

-Crónicas de Chile es un espacio al que Semprún se dedica en sus tiempos libres. Ha ganado popularidad en las redes sociales por demostrar los emprendimientos y logros de venezolanos que no solo están residenciados en Chile, sino en todo el mundo.

-En un momento –reveló Semprún- yo respondía a una dinámica del día a día, pero me di cuenta de que no lo hacía como yo quería. En un grupo de periodistas se estaba debatiendo que no se debía decir lo malo que hacían los venezolanos y yo pienso que no era callarse, sino contrastar las cosas. Dije que iba a publicar lo bueno que hacen los venezolanos porque así me iba a diferenciar del resto.

Al final del reportaje su autora sentenció:

-Raúl, Víctor y Mireya son una muestra de la perseverancia de los comunicadores por siempre llevar la verdad. Los tres coincidieron en que hablar de "periodistas venezolanos" es significado de sacrificio. De esfuerzo, valentía y coraje, pues son profesionales que a pesar de las dificultades se juegan todo para poder informar.

EL BARBERO VENEZOLANO QUE SE DESTACA EN SANTA MARTA

La primera vez que Javier Mendoza Villadiego se atrevió a coger unas tijeras y una máquina de peluquería fue a los 11 años, a pedido de su tío: estaban en medio del campo y tenían que ir a una fiesta. Desde entonces comenzó a hacerlo para toda su familia y amigos.

Así comienza un reportaje sobre ese migrante venezolano publicado el 6 de julio de 2021 por Roger Urieles, del diario El Tiempo, de Bogotá.

Y continúa:

-En medio de tantas historias de angustia y dificultades que protagonizan venezolanos que no han tenido suerte fuera de su país, surge la de Javier Mendoza Villadiego, joven de Maracaibo a quien una pasión desde niño lo ha llevado hoy a alcanzar su éxito en Santa Marta, ciudad que eligió para volver empezar.

Javier se llenó de valentía y tomó sus maletas con poca ropa y llegó a este país a buscar mejor suerte.

Su idea inicial era explorar y conocer otro ambiente, paisaje y cultura lejos de Venezuela que comenzaba a afrontar la crisis política, social y económica.

Terminó en Santa Marta por invitación de una tía, que lo recibió en su casa. No pasó mucho tiempo para que este venezolano se enamorara de la ciudad y no quisiera salir de ella.

Después indicó:

-Entonces sus vacaciones de 20 días se extendieron y hoy ya completa cinco años en la capital del Magdalena, Colombia, en los que su crecimiento personal y financiero no han parado.

Mendoza estudió un curso técnico como paramédico y alcanzó a iniciar su carrera en administración de empresas; sin embargo, de niño siempre le llamó la atención cortar cabello, pero con un estilo distinto a los tradicionales.

Posteriormente explicó:

-La primera vez que se atrevió a coger unas tijeras y una máquina de peluquería fue a los 11 años, a pedido de su tío: estaban en medio del campo y tenían que ir a una fiesta. Desde entonces comenzó a hacerlo para toda su familia y amigos. Casi sin quererlo, encontró un oficio.

Luego de tanto insistir me dieron lo único que necesitaba: una oportunidad y a partir de allí comencé a mostrarme y construir un nombre en la ciudad

En el fondo sabía que eso era lo que quería hacer en el futuro. Pero el futuro llegó y decidió no lanzarse. En cambio, se dedicó en su juventud a otros oficios sin dejar su arte que era lo que más lo entusiasmaba.

Ya en Santa Marta dejó de hacerles caso a los estereotipos que había sobre los peluqueros, aquellos que rebajaban el profesionalismo, y empezó a buscar trabajo y mejorar su técnica como barbero.

Afortunadamente, luego de tanto insistir me dieron lo único que necesitaba: una oportunidad y a partir de allí comencé a mostrarme y construir un nombre en la ciudad", dice.

Para finalizar precisó:

La llegada a Santa Marta coincidió con el 'boom' de las barberías que empezaban a constituirse por todas partes y ponerse de moda.

Inicialmente trabajó en el Centro, pero no le fue muy bien, porque por su talento lo hicieron destacarse rápidamente y tuvo inconvenientes con sus colegas quienes no lo veían como compañero, sino como una competencia fuerte que les representaba amenaza a sus ingresos.

Por su parte Mendoza relató:

-Antes de cualquier problema personal, preferí buscar empleo en otra parte. Ya se comenzaba a hablar bien de mi trabajo y para consolidarme participé en un concurso de barberos donde obtuve el primer lugar.

PROFESORES UNIVERSITARIOS QUE SE DESTACAN

El profesor Adolfo Paolini fue designado decano de la Facultad de Derecho de la Universidad de Buckingham, Reino Unido, en sustitución de Sandra Clarke.

Así lo anunciaron el 7 de junio de 2021 diversos portales de noticias y El Nacional.

Este último medio señaló:

-Paolini se ha desempeñado durante 13 años como profesor en la universidad, ubicada en Londres, en Inglaterra, reseñó The Buckingham & Winslow Advertiser. Se centró en el avance de la tecnología en medio de la pandemia de covid-19 y en cómo la ley debe ajustarse a esos cambios.

Al respecto, el nuevo decano declaró al referido medio:

-La pandemia y el posterior bloqueo nos obligaron a proponer ideas alternativas. Estamos decididos a mejorar nuestros programas en el ámbito nacional e internacional y, en el futuro, ofreceremos cursos combinados y en línea incluso después de la pandemia.

El decano, egresado de la Universidad Católica del Táchira, igualmente manifestó que el mundo vive una transformación digital sustentada en avances tecnológicos que afectan todos los aspectos de la vida.

-La ley –afirmó- no ha escapado a los efectos de esta nueva era digital. Los bufetes de abogados esperan que los graduados tengan una comprensión básica de conceptos como inteligencia artificial, blockchain, riesgo cibernético y responsabilidades.

Estamos ofreciendo nuevos cursos y módulos para reflejar las áreas que los estudiantes ahora quieren estudiar y que los empleadores buscan a la hora de elegir a los graduados.

Otro profesor universitario de nuestro país destacado es Santiago Schnell, biólogo egresado de la Universidad Simón Bolívar, nombrado decano de la Facultad de Ciencias de la Universidad de Notre Dame, a partir del 1 de septiembre de 2021, según reseñó El Nacional.

La fuente añadió:

-El científico venezolano Santiago Schnell, presidente del Departamento de Fisiología Molecular e Integrativa de la Facultad de Medicina de la Universidad de Michigan, fue nombrado decano de la Facultad de Ciencias de la Universidad de Notre Dame por John Jenkins, presidente de la institución.

Luego indicó:

-Asimismo, tendrá un cargo permanente como profesor en el Departamento de Ciencias Biológicas de la Facultad de Ciencias, según la página web de la Universidad de Notre Dame.

De igual modo apuntó:

-El Departamento de Fisiología Molecular e Integrativa de la Facultad de Medicina de la Universidad de Michigan, a cargo del científico venezolano, logró posicionarse como el principal departamento de fisiología financiado por los Institutos Nacionales de Salud de Estados Unidos.

DELIVERY VENEZOLANO SE LAS INGENIA CON SU MOTO PARA CONSEGUIR OTRO TRABAJO EN ARGENTINA

Kevin Hernández llegó como migrante a Argentina en agosto de 2019 junto con su novia en busca de un futuro mejor en lo que a juicio de ambos es la Europa de América.

Su caso lo relató Carolina Dorado, del portal argentino TN, el 16 de julio 2023. Salió de Venezuela en 2018. Además de la novia, lo acompañaba su perrita.

-Irse lejos de su país natal, -comenzó señalando- dejar atrás costumbres, la cultura, empezar una vida de cero no es fácil, pero cada vez son más los venezolanos que eligen abandonar su tierra para buscar una mejor calidad de vida.

Kevin Hernández, venezolano de 32 años, hace dos años que vive en la Argentina junto a su novia Claudia. Él se dedica a la publicidad, el marketing y es community manager. Ahora, busca cómo insertarse en un país desconocido, algo que siempre es cuesta arriba. Ni bien llegó al país comenzó a trabajar como repartidor.

cicune.org

Luego apuntó:

-A medida que pasaron los meses, fue mechando la entrega de pedidos con trabajos freelance para empresas en el área de publicidad, pero nada tan significativo para poder dejar el delivery. Aunque, con su alma emprendedora se le ocurrió promocionarse: pegó en la mochila de repartidor un cartel donde indicó sus redes sociales y su número para que lo contacten: "Diseño gráfico, fotografía, community manager", escribió y los clientes comenzaron a aparecer.

Y al efecto KH explicó:

-Me contactaron varias personas, aunque el mayor tráfico de gente lo tengo por la boca en boca. Justo hará tres semanas que me escribió una chica que me había visto en la calle e hizo un posteo en las redes sociales promocionando lo que hago.

Igualmente reveló que él y su novia, Claudia, dejaron Venezuela en 2018, con la idea de llegar a la Argentina, pero por cuestiones económicas tuvieron que cambiar de planes y terminaron viviendo en Perú un año.

-Sufrimos –refirió- varias estafas laborales, todo era en negro y nos pagaban menos que lo acordado. Pero finalmente pudimos llegar a la Argentina.

De su permanencia en ese país señaló que allí se puede vivir, alquilar es posible, mientras que en Venezuela no se tiene la posibilidad de irse de la casa de los padres.

La periodista destacó asimismo que "Además de trabajar como delivery, logró hacer algunos trabajos como publicista y que, puede "vivir bien dentro de todo", por qué. Cada oportunidad suma".

Kevin agregó:

-También manejo las redes sociales de algunos emprendimientos. Con la publicación que tengo en la moto me hago publicidad yo mismo, gratis. Eso también me abre otras puertas por si acaso si me llegan a llamar.

Carolina Dorado informó de igual modo que en Venezuela, Kevin se graduó de Técnico en Publicidad de Mercadeo, luego obtuvo una Licenciatura en Publicidad y el resto de sus actividades las aprendió "de forma autodidacta". Que siempre fue emprendedor. Y cuando llegó acá se dijo 'estoy todo el tiempo en la calle, ¿qué mejor que poner mis servicios con las redes en la mochila? Quizás, alguien que necesite hacer algo lo ve y bueno, como le decimos nosotros, mata un tigrito".

Gracias a su idea, varias personas lo contactaron para solicitarle sus servicios como diseñador. Por otro lado, tiene un emprendimiento de remeras con la esencia venezolana.

-Estampo –detalló- remeras con íconos venezolanos, cosas culturales o típicas de Venezuela. Ya sea, no sé, los caramelos de allí, frases típicas, edificios, personajes o comidas autóctonas. La idea -dijo- es mantener viva la cultura a pesar de estar a miles de kilómetros de su tierra.

LOS TEQUEÑOS LLEGARON A URUGUAY CON DOS PERIODISTAS

De las manos de Oroyelix Lozada y Juliedy Guillén llegaron los tequeños a Uruguay.

-No lo planearon, -explicó Yazmely L., del portal El Diario el 15 de noviembre de 1020- pero el camino las llevó a ser embajadoras de uno de los tantos sabores de la gastronomía venezolana.

La periodista agregó:

-En Montevideo, Uruguay, de un pequeño local emana el aroma y el sabor venezolano gracias a una de las comidas predilectas de nuestra tierra: los tequeños. La magia que ocurre en la cocina de aquel lugar tiene dos protagonistas: una pareja de mujeres venezolanas que emigró en 2016 al país austral. Ahora, contra todo pronóstico, son referentes de este plato en el extranjero. Reparten diariamente la sazón de esa parte de la gastronomía venezolana a uruguayos y también a sus compatriotas, que buscan con frecuencia un poquito del país en el que nacieron. Allí encuentran a Tequeños La Rambla.

Luego indicó:

-Oroyelix Lozada y Juliedy Guillen son las responsables del éxito de este espacio que es la primera fábrica de tequeños en Uruguay. Ambas son egresadas de la Universidad Católica Andrés Bello (UCAB), licenciadas en Comunicación Social. Tras un paso corto por los medios venezolanos y el manejo de redes sociales, decidieron partir buscando nuevas oportunidades, así se sumaron entonces a los casi 15.000 venezolanos que residen en el país suramericano. Nunca imaginaron que este emprendimiento se convertiría en su sustento económico y un constante motivo de orgullo, pero así ocurrió.

Después apuntó:

-Oreyelix, u "Oro", como prefiere que la llamen, es la primera que habla de los inicios del negocio. Comenta que nunca imaginaron vender este aperitivo cuando emigraron, pero el camino se fue dando para que así ocurriera.

Una chica que conocimos nos dijo que estaba buscando un proveedor de tequeños. Yuli se ofreció a hacerlos, le pidió la receta a un tío panadero y listo. Nos encargó 200 tequeños en ese primer pedido, ella jamás apareció. Pero el trabajo en temas de logo y marca ya estaba hecho, por eso decidimos seguir adelante. Así empezó Tequeños La Rambla.

Posteriormente señaló:

-Desde ese momento comenzaron un proceso nuevo, en el que trabajaron sobre la marcha. Oro aprendió la elaboración de los tequeños. Julieth, o "Juli" como le dicen con frecuencia, se encargó de administrar las redes sociales del negocio. De ahí salieron sus primeros clientes.

Al principio el emprendimiento solo era una forma para obtener ganancias extras, pero lo que vino después cambió la percepción de las dos venezolanas. Ambas participaron en varias ferias gastronómicas, la más significativa: la Feria de las Migraciones; y su stand de venta fue un éxito. "Empezamos a entender que era un proyecto que tenía futuro, que a la gente le había gustado, que el uruguayo estaba siendo receptivo", dice Oro, Yuli lo reafirma.

Entonces comenzó el trabajo duro. Estudiaron referentes, se reunieron con venezolanos destacados en el área e hicieron ajustes. Por ejemplo, agregar la venta de tequeños fritos, inicialmente solo los ofrecían congelados. Eso junto a la inclusión de su negocio en plataformas como Rappi y Pedidos Ya, fue suficiente para que el negocio se convirtiera en un éxito. Tanto, que luego surgió la idea de la fábrica.

"Todo eso fue lo que nos permitió proyectarnos y por eso decidimos abrir la fábrica de tequeños. Es la primera en Uruguay (...) Después de este proceso sentimos orgullo, satisfacción, de saber que todo el sacrificio, que mucho trabajo y poco descanso ha valido la pena, eso es lo más importante", afirma Yuli.

Posteriormente la autora del reportaje destacó que en el negocio no solo las distingue ser fabricantes, sino también los productos novedosos que ofrecen. Tienen los habituales tequeños de queso, pero hay dos opciones que las distinguen, la línea Premium, que tiene como base queso crema.

-Hay –detalló Oro- uno para vegetarianos, otro para los carnívoros, ese es de queso crema, crocante de tocineta y cebollín que es el favorito. El otro es queso crema y champiñones al ajillo, esa idea surgió de querer innovar, hacer algo rico, pero diferente.

La periodista de El Diario al final observó:

-Otro punto que las caracteriza son sus empleados, todas mujeres. Un guiño al empoderamiento femenino.

cicune.org

UNA CHEF PASTELERA QUE TRIUNFA EN ESTADOS UNIDOS

El 24 de marzo de 2023 Edgar Pilca, del portal Observador Latino, reseñó:

-Para Clarimar Becerra de Duarte, definirse es limitarse. A esta venezolana no le gusta presumir, pero su currículum, talento y logros lo hacen por ella.

Administradora de profesión, Becerra llegó a Estados Unidos el 19 de julio del 2016 con su esposo e hijos. Llena de sueños, esperanzas y miedos, esta venezolana no se dejó desquebrajar por lo duro que representa un proceso migratorio y mantuvo la frente en alto.

Luego indicó:

-Aunque al principio fue difícil, Clarimar trabajó en diversos empleos con la meta fija de ser un sustento para su familia y encontrar nuevas oportunidades en territorio norteamericano.

Entrega de pizzas a domicilio, grooming de mascotas y trabajar de madrugada en una gasolinera, fueron algunos de los empleos que tuvo la administradora venezolana, quien jamás pensó que su vida daría un cambio gracias a sus habilidades en la cocina.

Después destacó:

-En entrevista exclusiva para El Observador, Clarimar Becerra contó cómo fue el momento en el que se dio cuenta del talento que mantenía escondido, pero que con trabajo, dedicación y constancia pudo cosechar éxitos que dejan por todo lo alto el tricolor venezolano.

La historia comenzó cuando Becerra se mudó junto a su familia a Orlando, ciudad donde poco a poco las oportunidades fueron llegando.

Clarimar asistía a una iglesia que la impulsó a probar suerte con una beca en el Second Harvest Food Bank, programa culinario que para ese momento otorgó becas a un grupo de puertorriqueños que habían sido afectados por el huracán Irma.

Sin dominar el inglés a la perfección, la venezolana supo que Dios tenía un propósito para ella y se propuso en ser una de las privilegiadas en formar parte del programa de estudios culinarios donde descubrió su verdadera pasión.

"Yo había hecho unos cursos en Venezuela con gente muy valiosa que pensé que era por pasión, por si algún día me tocaba trabajar en esto, pero jamás pensé que iba a ser realmente en esto", recordó.

Ella fue la única venezolana que logró obtener una beca y estuvo entre los 10 mejores promedios de su promoción.

-Si yo hubiese sabido que era tan buena en la cocina, -expresó- no hubiese estudiado las dos carreras que hice en Venezuela. Pero después te das cuenta de que no, que gracias a esas dos carreras amplías tu conocimiento y tienes una gama de oportunidades en este país.

Gracias a la oportunidad de ser egresada del Second Harvest Food Bank pudo trabajar con reconocidos chefs y restaurantes de grandes cadenas comerciales, siendo la cadena de hoteles Marriott una de las primeras que la contrató.

La pastelera señaló igualmente que "En uno de los viajes a los hoteles, un reconocido chef ejecutivo de pastelería quedó sorprendido con el talento de la venezolana y la contrató como la única responsable de las tortas que le ofrecían a los huéspedes".

Sin embargo, precisó la fuente, la vida le colocó un nuevo reto en su carrera profesional y Clarimar Becerra demostró que su talento podía vencer cualquier obstáculo.

De igual modo precisó:

-El Second Harvest Food Bank la postuló para una competencia de la Federación Culinaria Americana capítulo Florida donde tuvo que realizar un Wedding Cake con la temática de piratas, sin ningún elemento artificial, en un tiempo determinado y no pudo contar con la ayuda de una segunda persona.

Como no estaba estudiando no logró ingresar en la categoría de estudiante, Clarimar Becerra calificó en el rango profesional y compitió junto a profesores que tienen importantes academias culinarias en Estados Unidos.

Gracias a una torta doble con un contraste de sabores tropicales, la venezolana fue la triunfadora de la jornada y se alzó con el primer lugar de la competencia.

La administradora considera que fue una experiencia retadora, increíble y muy enriquecedora, donde pudo conocer mucha gente e hizo conexiones con marcas.

Pero el destino la llevó a buscar nuevas oportunidades y llegó al mágico mundo de Disney, lugar donde antes de la pandemia estaba trabajando en el restaurante Toledo – Tapas, Steak & Seafood en el hotel Coronado Springs Resort.

Sobre el particular apuntó:

-Creo que lo tremendo de todo es que Dios te va despejando el camino y te va colocando en frente de todo lo que necesitas para poder triunfar. Siempre con una mente positiva, nunca olvidando de dónde vienes. Creo que esa es una clave esencial, ser humilde", destacó la venezolana.

La fuente periodística adicionó:

-También tuvo la oportunidad de trabajar para la burbuja de la NBA y, desde hace un tiempo, Disney le otorgó una licencia sin paga gracias a la cual pudo emprender.

Debido al tiempo de ocio a causa de la pandemia del coronavirus, Clarimar Becerra decidió crear su propio negocio y aplicar más de lo que aprendió en Second Harvest Food Bank.

Bajo el nombre de CC Sweet, la chef pastelera venezolana estableció su marca, mediante la cual vende todo tipo de postres para conquistar los paladares más exigentes. También, tiene en mente poder abrir su propio local en el que las personas degusten sus creaciones en un ambiente único y agradable.

Apasionada por la enseñanza, en la actualidad Clarimar realiza talleres por Zoom e imparte todo lo que ha aprendido a lo largo de su carrera culinaria con una nueva generación de profesionales que deseen desempeñarse en el mundo dulce de la pastelería.

Si hay algo por lo que se caracteriza esta venezolana es por su nivel de exigencia y por no quedarse únicamente con lo que sabe hacer. Ahora, está enfocada en realizar postres sin gluten y así llegar a otro público.

Pese a lo difícil que fue el camino, hoy Clarimar Becerra se siente agradecida por las enseñanzas, aprendizajes, retos, triunfos, y por siempre creer que nunca es tarde para aprender y así poder cosechar éxitos en un futuro.

TRIUNFÓ COMO REPOSTERA EN ESTADOS UNIDOS

Marie Stivaly Caraballo salió de Venezuela en busca de sus sueños y los está cumpliendo como repostera en Miami, Estados Unidos.

Sobre esta venezolana, el 20 de diciembre de 2021, la periodista Gabriela Magilbray, del portal El Diario, escribió un reportaje que comenzó así:

-Marie Stivaly Caraballo se fue de Venezuela a Estados Unidos en el año 2017. Estando embarazada, ayudaba a una de sus hermanas en los tres empleos que tenía y, a la par, hacía tortas para generar ingresos extra, aunque las ventas no eran las mejores. Llegó a tener un solo comprador en un mes o —en el mejor de los casos— uno semanal. Ahora es repostera en Estados Unidos y tiene pedidos de hasta 30 pasteles en un día.

En seguida señaló:

-Inicialmente sus hermanas la ayudaban a ofrecer porciones de torta con sus conocidos, compañeros de trabajo y vecinos. Incluso una de ellas trabajaba en un restaurante que frecuentaban varios artistas y Marie aprovechaba para llevarles sus creaciones y ganar popularidad.

De esa manera se fue dando a conocer. Pero, no obstante, la repostera en Estados Unidos recuerda que fue complicado hacerse de una clientela en la ciudad de Miami, porque las personas desconocían la calidad de sus productos y eso dificultaba la venta.

Posteriormente el reporte de El Diario reveló:

-La idea inicial de Marie era viajar a Estados Unidos para dar a luz a su hijo y luego regresar a Venezuela, pero los planes cambiaron en el camino. Finalmente, decidió quedarse en ese país para tener un embarazo tranquilo y darle un mejor futuro al hijo que estaba próximo a nacer.

Se vio obligada a trabajar junto a una de sus hermanas como mesera y limpiando oficinas para ayudarle a sufragar con los gastos del hogar y los de ella misma porque el dinero que llevaba –en su mayoría producto de la venta de su vehículo en Venezuela– se acabó rápidamente.

A finales del año 2017 Marie dio a luz a su bebé y a principios de 2018 emprendió un negocio de venta de flores con su hermana. En paralelo continuaba preparando tortas, pero el negocio no estaba consolidado y la venta era esporádica.

Ella relató:

-Con las flores duramos un año juntas, se impulsó, todavía funciona muy bien y está en crecimiento, pero a mí siempre me gustó hacer lo de las tortas y llegó un punto en que tuve que dedicarme a una sola cosa.

Por lo tanto, desde el año 2019 se dedicó por completo a Stivaly Cakes, su emprendimiento repostero.

-El negocio –recordó- iba agarrando ritmo, tenía algunos clientes y, si bien no era cien por ciento rentable, sí le permitía solventar varios gastos. Así se mantuvo el panorama durante ese año.

En 2020 con la pandemia el negocio tuvo un gran impulso, vendía demasiado y ni dormía. A finales de ese año me mudé a una casa más grande para hacer todo el funcionamiento de las tortas mejor y ampliar la producción.

El Diario señaló:

-Admite que la rutina era fuerte porque no tenía personal fijo a su lado y debía hacer varias funciones en simultáneo (batir, hornear, decorar, atender a los clientes) al tiempo que combinaba ese ajetreo con su papel como mamá.

Marie precisó:

-Al principio trabajaba en las noches cuando el niño dormía y de día lo atendía e iba haciendo todo. Ahora cuando mi mamá viene de visita me ayuda a cuidarlo y de resto lo tengo en guardería.

El Diario advirtió:

- A finales de 2020 un vecino la denunció por tener el negocio en su hogar. Marie recuerda que la cantidad de pedidos había incrementado considerablemente y era necesario mudarse a un establecimiento comercial. Las autoridades de la ciudad me dijeron que para el volumen de pedidos que tenía ya no podía estar en una casa y me tocó buscar un local sin tener mucho presupuesto".

Tenía algunos ahorros, pero no eran suficientes para alquilar; sin embargo, logró negociar con unas personas que –justamente- estaban vendiendo un local del mismo rubro.

Llegaron a un acuerdo e hicieron el traspaso en enero de 2021. Marie compró todos los equipos y mobiliario, pero no el inmueble, porque el dinero que tenía no le alcanzaba.

Cabe advertir que al momento del reportaje María tenía 28 años y nació en Maracay, Estado Aragua, pero vivía en Caracas cuando decidió migrar. Estudiaba Ingeniería Eléctrica en la Universidad Central de Venezuela y tenía una tienda online donde vendía artículos para damas, desde los 17 años.

Inició su formación profesional como chef en una institución ubicada en Los Palos Grandes, Caracas.

Al respecto señaló:

-Ya estaba viendo la posibilidad de emigrar al graduarme y decidí aprender un oficio para tener algo aparte de la carrera e hice una maestría en Pastelería Fina y luego comencé otra en Pastelería Internacional".

DE LAVADOR DE PLATOS EN NUEVA YORK A CHEF

El primer empleo del venezolano Jhoan Estupiñán en Nueva York, Estados Unidos, fue lavar platos en un restaurante; sin embargo, su tenacidad y constancia lo llevaron a construir su propio local de pastelería.

El 12 de noviembre de 2021 Gabriela Magilbray, del portal El Diario, relató su historia en los siguientes términos:

-Jhoan Estupiñán, conocido como Chef Jhoanes por el nombre de su pastelería, salió de Venezuela en 2017 con una maleta llena de sueños, anhelos y nuevos retos. Su destino fue Nueva York, Estados Unidos. Allí se enfrentó a un sinfín de vicisitudes, sin embargo, no rendirse y trabajar por sus metas fue la clave para triunfar en la ciudad que nunca duerme.

Y advirtió:

-Pero el camino hacia ese objetivo no fue fácil. Jhoan salió de su zona de confort hace cuatro años. Dejó atrás a su familia, su abuelo falleció por covid-19 en 2020; su rutina, sus comodidades y todo a lo que estaba acostumbrado en busca de un nuevo objetivo: ser reconocido como chef pastelero fuera su país.

Luego indicó:

-Recién llegado a Nueva York consiguió empleos desempeñando diversas funciones, incluso tuvo que laborar doble jornada durante mucho tiempo. De día su faena transcurría en una panadería y por las noches en otros oficios que conseguía sobre la marcha.

Lavar platos en restaurantes o sacar basura en tiendas y edificios fueron algunos de los empleos que tuvo que conservar por años para generar ingresos, mantenerse y ahorrar en una de las ciudades más costosas de Estados Unidos, hasta encontrar una oportunidad para ejercer su oficio. Lo más complicado de todo fueron las jornadas de trabajo tan demandantes. Eran 12 o 14 horas continuas y eso es muy fuerte.

Posteriormente señaló:

-Pese a ese choque con la realidad, Jhoan no se dio por vencido. Aseguró que la perseverancia y la constancia fueron factores claves para ayudarlo a alcanzar sus objetivos lejos de casa. Recuerda que a veces caminaba por las calles de Nueva York, veía establecimientos comerciales y repetía en su mente que quería tener un negocio así.

Muchas veces ni siquiera dormía bien por el horario que tenía (…) No soy de salir mucho, no voy a discotecas, estoy enfocado en trabajar y siempre ha sido así.

En mente tenía ahorrar dinero suficiente para -algún día- abrir su propio local de repostería en Estados Unidos y luego de varios años de esfuerzo, tristezas y sacrificios, lo logró. En medio de la pandemia por el covid-19 -un escenario atípico al que nadie estaba acostumbrado- y tras meses de construcción y arduo trabajo, Jhoan inauguró su negocio Chef Jhoanes en septiembre de este año. Espera que esta sea la primera de muchas de sus tiendas de repostería en Estados Unidos.

Respecto a sus inicios en la repostería, El Diario reveló, que a los 15 años comenzó a formarse como chef pastelero y a los 16 ya dictaba cursos de capacitación a otras personas en el Estado Táchira.

-Es cofundador –explicó igualmente- de una empresa familiar dedicada a la venta de insumos, materia prima y también de formación en el área de la repostería. Allí inició su trayectoria profesional, respaldado por los más de 20 años de experiencia que tiene su familia en el área.

Con la finalidad de seguir preparándose viajó a Bogotá, Colombia; y Londres, Reino Unido, para obtener nuevos conocimientos. Volvió a Venezuela y quiso probar suerte con un local suyo en La Grita, Táchira, pero no funcionó. Luego hizo lo propio en Cúcuta, Norte de Santander (Colombia), y tampoco corrió con suerte. Aun así, no se rindió.

El apoyo de su familia también fue trascendental para no desistir y alcanzar sus sueños.

El respaldo de mi esposa, de mi familia, de los amigos que fui haciendo por dos o tres años en Nueva York me impulsaron a hacer eso y el mismo apoyo de los clientes al ver mi trabajo. Todo eso me ha llevado a donde estoy hoy.

DOCE ALCALDES COLOMBIANOS FIRMARON UN MANIFIESTO CONTRA LA XENOFOBIA HACIA MIGRANTES VENEZOLANOS

El 20 de diciembre de 2021 el diario El Nacional, con información de la agencia de noticias EFE, reportó:

-12 alcaldes colombianos firmaron un manifiesto rechazando la xenofobia y apoyando la integración de los migrantes venezolanos para vincularlos a la economía del país.

Y agregó:

-La iniciativa la impulsa la Agencia de Naciones Unidas para los Refugiados (ACNUR), a través de su campaña "Somos Panas Colombia", y la Asociación Colombiana de Ciudades Capitales (ASOCAPITALES).

La ACNUR informó que hasta el momento el documento lo respaldan los mandatarios de Bogotá, Bucaramanga, Montería, Pereira, Popayán, Cúcuta, Arauca, Armenia, Florencia, Mocoa, Pasto y Sincelejo.

Al respecto, la representante adjunta de ACNUR en Colombia, Elizabeth Eyster, opinó que "La firma de este manifiesto es un hito importante para la integración de personas refugiadas y migrantes a la sociedad colombiana", y adicionó que las ciudades capitales juegan un rol fundamental para abrir caminos para que los venezolanos puedan aportar cultural, social y económicamente.

Igualmente recalcó que con la firma del documento los alcaldes también manifiestan el compromiso de rechazar cualquier discriminación, así como fortalecer caminos de inclusión.

Además, aseguró que eso significará protección y bienestar tanto para las personas venezolanas como para las comunidades colombianas que los acogen.

Por su parte, los alcaldes dijeron que entienden la situación que vive su país por múltiples factores, entre ellos la pandemia del coronavirus.

-Entendemos –expresaron- que la situación que vivimos no es, ni ha sido fácil. Que tanto colombianos como refugiados y migrantes sufrimos la dura realidad del desempleo, la angustia por el acceso a la salud, a la educación y la urgencia de suplir las necesidades básicas. Estamos conscientes también de que solo trabajando juntos, hombro a hombro y con miras a proteger los derechos de todos se va a salir adelante.

Sobre ese documento el alcalde de Montería y presidente de Asocapitales, Carlos Ordosgoitia, reconoció que significa pensar en el otro.

-Es buscar, -precisó- a través de esas complejidades que hoy se viven, soluciones integrales al desarrollo del ser humano.

A la fecha, según Migración Colombia, en ese país había cerca de dos millones de migrantes venezolanos, principalmente en Bogotá (393.716), Medellín (148.714), Cúcuta (98.680), Barranquilla (93.321), Cali (84.160), Cartagena (50.026), Santa Marta (45.245) y Bucaramanga (41.460).

APORTE PANADERO VENEZOLANO A LA CAPITAL DE ARGENTINA

El 31 de mayo de 2022 el periodista Luis Pico, del portal El Diario, reportó:

-Aunque en Argentina abundan las confiterías (que son como una especie de panadería), sus productos son distintos a los consumidos en Venezuela, sin que ello impida que opciones como el cachito, mini lunch y los pastelitos se abran paso en la escena porteña.

Y agregó:

-En Argentina el día arranca con algo dulce. Al característico mate o una buena taza de café se los acompaña con croissants, conocidos como medialunas, o con facturas —masitas con rellenos como dulce de leche, crema pastelera o membrillo— en lo que suele ser el desayuno predilecto. Las empanadas son para el almuerzo o cena, igual que otras opciones que incluyan huevos o tocineta.

Hay, sin embargo, un lugar que fue creado con la idea de ofrecer desayunos diferentes y en cual, con el tiempo, cada vez más argentinos dejan de lado su costumbre para comerse un cachito o algún pastelito de hojaldre, bien sea de jamón y queso o queso crema.

Luego señaló:

-Y esto, ¿qué es? Se llaman mini lunch, señor. Bueno, me das uno para probar…. ¡Pero qué rico que está esto! —delibera, pasados unos segundos, tras el primer bocado.

Se trata de uno de los diálogos más comunes en la Panadería Venezolana Donna, ubicada en el barrio porteño de Recoleta, con clientes locales que ven, en la vitrina, distintas opciones que quizá no hayan conocido antes. A este señor lo atienden luego de que un padre les comprara a sus hijas la merienda para que llevaran a la escuela. Y no faltan, por supuesto, venezolanos con acentos de lugares como San Cristóbal y Maracaibo que también llegan al local para saborear cosas de su tierra, impensables dentro de una confitería argentina.

Su dueña es Lisabeth Rangel, quien revela:

-Los argentinos son muy abiertos a probar cosas nuevas. Nos llena de satisfacción cuando vienen a comer empanadas de pabellón o pastelitos de queso crema cuando para ellos el desayuno es dulce. Han venido y se han enganchado con los sabores venezolanos, que son salados.

Pico destacó después:

-En su oferta gastronómica hay panes como las canillas, el camaleón andino, y por supuesto, dulces como los golfeados con queso, las bombas rellenas o las piñitas. Y tequeños y empanadas, que por lo general no suelen formar parte del menú de estos locales en Venezuela.

Aunque no hay, por ejemplo, los sándwiches de miga, de milanesa, o la pastafrola, Rangel sí las conoce de primera mano, pues cuando emergió este proyecto, en abril de 2018, lo hizo con un panadero y un menú argentinos, que luego viraron hacia lo venezolano en el último trimestre de aquel año, en lo que fue empezar de cero luego de haber arrancado desde cero, o lo que es lo mismo, volver a empezar cuantas veces se considere necesario.

Luego apuntó:

-En Venezuela, la vida de Lisabeth jamás estuvo ligada a la panadería, ni siquiera con la gastronomía. Licenciada en Administración egresada de la Universidad Santa María y con un posgrado como Project Manager de la Universidad Monte Ávila, Rangel trabajaba en una consultora.

Cuando era joven, tenía el anhelo de vivir en otros países para conocer otras culturas y realidades, y con dos hijas —hoy una de 17 años, la otra de 25 — decidió brindarles esa experiencia, aun con los riesgos que pudiera conllevar.

La familia vivía en la urbanización de El Paraíso, al oeste de Caracas. A Lisabeth la secuestraron en dos oportunidades y temía por la inseguridad, sobre todo en los alrededores de la Cota 905, donde desde hace años abundan bandas de crimen organizado con armamento de guerra.

En ese entonces, con 46 años, decidió vender todo lo que tenía para poner en marcha la aventura familiar. Pudieron haber ido en dirección a Costa Rica, donde su madre había estado por cuestiones laborales, pero a las hijas no les sedujo mucho la idea. Por trabajo, y con algunos conocidos, también había pasado antes por Buenos Aires, una ciudad con múltiples opciones para estudiantes de todos los niveles, pero sobre todo el universitario, por lo que esta vez, sí, les cerró la idea.

Escogido el destino, ahora tocaba definir cómo volver a arrancar.

Ella explicó:

-Con esa edad, sin que te conozca nadie ni sepan de tu trayectoria, es difícil, por eso pensaba en emprender algo. Estaba buscando lugares y vi una panadería que estaban vendiendo. Compramos (junto con su hermana y social, Jenny) el fondo de comercio. Nunca se nos pasó por la cabeza montar algo como esto, pero el dueño, que era argentino, nos ayudó con el tema de los proveedores y conocer más del asunto, contó Rangel.

Pico apuntó además que el emprendimiento empezó con un equipo inferior a cinco personas y en la fecha del reportaje contaba con 22 trabajadores.

NUESTRA AREPA DELEITA LOS PALADARES ESPAÑOLES

El 22 de julio de 2023 el portal La Patilla, con información de la agencia de noticias EFE, reseñó:

-Dicen que en Venezuela todos los niños nacen con una arepa bajo el brazo. Se puede entender, entonces, lo que para el país significa este producto precolombino.

Y también son conocidas las dificultades que tienen muchos venezolanos para ganarse el pan, o, mejor dicho, la arepa. Hace cuatro años, el chef venezolano Luis Ascanio no se lo pensó, 'agarró' la arepa y viajó a España. "Buscaba la forma de salir de allí, sentía que las libertades del individuo se terminaban", explica a EFE sin querer profundizar más en la situación general del país.

Luego añadió:

-La ya de por sí difícil adaptación de un migrante a una nueva sociedad se agravó para él con la pandemia de la COVID, aunque encontró como aliada a la montaña de Montserrat, en la provincia de Barcelona, que le sirvió de lugar al que salir una vez que se fueron relajando las medidas de confinamiento. Luis no lo duda: "Ser emigrante es nacer de nuevo".

Seguidamente indicó:

-Esa nueva vida le dio entonces la oportunidad de comenzar una nueva etapa en la localidad de Carrión de los Condes, la provincia española de Palencia, una de las cunas del mejor pan, dónde pudo conocer la cocina tradicional de los pueblos castellanos y muchas de sus curiosidades, en los restaurantes de San Zoilo y La Corte.

Y en ese momento se abrió en la mente de Luis un mundo de ideas con un único fin: combinar lo mejor de la tradición culinaria venezolana con la cocina castellana, para lo que eligió un establecimiento de toda la vida, La Taberna del Peregrino.

Desde hace algo más de dos meses, carrioneses, peregrinos del Camino de Santiago y turistas ya disfrutan de la arepa con jijas (picadillo de chorizo), la arepa con pasta de morcilla o la arepa con perico -un sofrito con orégano y huevo-; en definitiva, un verdadero símbolo de cómo la vida mejora cuando se sabe elegir y combinar 'lo mejor de cada casa'.

Abre todos los días el establecimiento a las seis de la mañana, consciente del servicio que puede prestar a los peregrinos que, especialmente en verano, inician una nueva etapa desde Carrión de los Condes, una de las paradas casi obligatorias del Camino de Santiago.

La arepa, explica Luis, "te da energía para cuatro horas", así que recomienda tomarla por la mañana o al mediodía, en cualquiera de sus variedades.

Seguidamente indicó:

-Pero el cliente encontrará también otras tapas y raciones en las que podrá encontrar "combinaciones en el mismo plato" de sabores tradicionales y nuevos, lo que convierte a su cocina en una "tradición evolucionada".

"No es algo para todos los días", reconoce el propio chef, consciente de que las combinaciones en el mismo plato suelen aportar una alta carga energética y calórica, por lo que también intenta aportar a sus creaciones "menos carbohidratos y más vegetales y proteínas".

'Paté del hombre pobre', 'Escalivada (verduras a la brasa) con muslo de pollo o lacón' o 'Crema de berenjena asada en rodajas de pan' son algunas de las ideas con mejor acogida en el catálogo de Luis.

cicune.org

Y el final de una historia, que siempre gusta que sea feliz, habla de una familia unida alrededor de un proyecto de vida, al que se han podido incorporar sus dos hijos, la madre de estos y amigos íntimos; un equipo familiar que, además, extiende la felicidad entre aquellos que, aunque sea puntualmente, participan en él como 'vividores' de la experiencia.

cicune.org

EN 2022 LOS MIGRANTES VENEZOLANOS APORTARON AL FISCO DE PANAMÁ MÁS DE 200 MILLONES DE DÓLARES

El 24 de noviembre de 2022 el periodista Rafael A., del portal El Diario, reportó:

-Los migrantes venezolanos aportarán al fisco de Panamá unos 203,2 millones de dólares por concepto de impuestos al cierre de 2022, según un estudio presentado el miércoles 23 de noviembre por la consultora Equilibrium. También se reveló que la inversión venezolana en el país en la última década superó los 1,8 millones de dólares.

Luego apuntó:

-La medición forma parte del Estudio de Impacto Económico de la Migración Venezolana en Centroamérica y el Caribe, Capítulo de Panamá, donde se indicó que el 66,92 % de los venezolanos en Panamá está ejerciendo una actividad económica que genera impuestos.

Y a continuación señaló:

-El director de la firma Equilibrium, David Licheri, explicó que de lograrse una política migratoria que permita regularizar a todas esas personas que no están aportando en impuestos porque no tienen un documento migratorio, el aporte fiscal crecería 80 millones de dólares adicionales

Además, según la fuente, informaron que el estudio fue desarrollado por la Oficina del Enviado Especial para la Respuesta Regional a la Situación de Venezuela de la Organización Internacional para las Migraciones (OIM) y la Agencia Internacional de Cooperación y Desarrollo Sueca, en conjunto con la Cámara de Empresarios Panameña Venezolana (CEPAVEN), y las Cámaras de Empresarios, Ejecutivos y Emprendedores Venezolanos en el Exterior (CAVEX).

Posteriormente indicó:

-El informe también detalló que el 49 % de los venezolanos que viven Panamá cuentan con una educación superior que incluye estudios universitarios de pregrado, maestrías y doctorados.

Además, el 64,7 % de estos migrantes cuenta con una formación técnica. Asimismo, la gran mayoría están en edad productiva, es decir, entre 30 y 40 años (40 %), un 22 % son personas de 41 a 50 años, y un 18 % tienen una edad que ronda entre los 18 y los 29 años.

MIGRANTE VENEZOLANA INAUGURÓ UN RESTAURANTE DE COMIDA CRIOLLA EN CATAR

El 28 de noviembre de 2022 la periodista Andreína B., del portal El Diario, relató la historia de la migrante caraqueña Aryam Elizabeth Ladera, quien estableció un restaurante de comida criolla en Catar, país situado al oeste de Asia regido por una monarquía tradicional a la cabeza de la cual está el Emir.

Ella, licenciada en Letras de la Universidad Central de Venezuela, con su esposo catarí, Doha Roastery, montó junto a su esposo, dicho establecimiento de comida venezolana en Doha, la capital.

La inauguración del único lugar de comida criolla en ese país ocurrió en 2017, con el propósito de conservar los sabores de la cultura venezolana, en otro continente. El Mundial de Fútbol 2022, aseguró en una entrevista al portal El Pitazo, coadyuvó al aumento en la clientela.

-Decidí emigrar –reveló– porque me enamoré perdidamente de un hombre catarí que vivía al otro lado del mundo. Me mudé a Doha apenas nos casamos y Catar se convirtió en mi segundo hogar.

Igualmente contó que la idea de abrir su propio restaurante surgió de la necesidad de generar ingresos económicos y desarrollar sus conocimientos en la cocina.

-Yo soy –indicó a El Diario- chef profesional. Me hacía falta volver a trabajar en mi área y me propuse hacer algo que rescatara los sabores venezolanos aquí.

En lo que respecta a los platos más solicitados citó las arepas, los tequeños, las cachapas, el mondongo, y entre los postres más populares: la torta tres leches.

De igual modo aseguró que la comida criolla "caló muy bien" en la cultura de ese país y que ahora recibe visitas de comensales netamente cataríes.

-Estoy muy contenta –señaló- de poder traer este aporte a Catar. No me canso de decir que los venezolanos estamos para colaborar con nuestro talento, en especial en un país con una población reducida como la de Catar... los cataríes agradecen la participación de la cultura venezolana como parte del desarrollo de ese país.

UN VENEZOLANO QUE ARMA COMPUTADORAS EN PERÚ

Víctor Sánchez es un migrante venezolano que arma computadoras con piezas de segunda y poco dinero en Perú.

El 1 de diciembre de 2022 la periodista Natalia Cordoves Canache, del portal El Diario, relató su historia en un reportaje.

-Su ingenio, creatividad y humildad –señaló de inicio- lo llevaron a ganarse la admiración de los más de 81.000 suscriptores que tiene en su canal de YouTube. Este joven empieza a posicionarse en las redes sociales, donde comparte contenido educativo de cómo armar PC, micrófono streaming, sillas gamer, mouse, audífonos y otros dispositivos con piezas usadas y poco presupuesto.

Y agregó:

-Con madera reciclada, con la basura de otros, sin planos originales, sin ayudante, sin un espacio ni mesa de trabajo, pero con mucho ingenio y creatividad, el venezolano Víctor Sánchez demuestra que no se necesita de un gran presupuesto para armar o reparar una computadora y otros dispositivos electrónicos.

Hasta los carteles que se desperdician en las obras de construcción, son usados por este migrante que está en Perú para darle vida a un equipo, sin necesidad de comprar material nuevo que podría ser costoso. Quienes lo siguen en las redes sociales lo hacen por el contenido que comparte, en el que explica de forma creativa cómo crear o reparar equipos tecnológicos con poco dinero.

Las piezas, artículos y accesorios que utiliza en sus videos los compra en espacios de venta ambulante de objetos de segunda mano o reciclables (cachinas). Durante estos recorridos descubrió que la basura de algunos para él eran sus tesoros.

Después indicó:

-Uno de sus planes más ambiciosos fue armar una réplica de la PC de The Grefg, uno de los youtubers y streamers más reconocidos en España que tiene más de un millón de suscriptores en YouTube. Muchos de los seguidores de Víctor consideraron que este proyecto era imposible de lograr, pues el equipo del español podría tener un costo de 12.000 euros.

En su canal que lleva su nombre y que tiene poco más de un año, Víctor Sánchez dejó registro de cómo fue capaz de conseguirlo con tan solo 10 dólares y con materiales que muchos tiraron a la basura. El equipo lo potenció después con el apoyo de marcas que confían en su trabajo y que se sumaron en el camino.

Luego advirtió:

-Este migrante de 28 años, natural de Casacoima, uno de los cuatro municipios del Estado Delta Amacuro al este de Venezuela, vive en Lima desde hace cuatro años y no deja de asombrar a la comunidad peruana, pues siempre le comentan que quedan sorprendidos de cómo un extranjero conoce este tipo de lugares en donde consigue tantas piezas a bajo costo y que ellos ni siquiera sabían que existían.

Y posteriormente destacó:

-En YouTube comparte con sus más de 81.000 suscriptores desde el momento en el que se le ocurre la idea, la compra de las piezas, el precio de cada artículo, el proceso de construcción o recuperación hasta la elaboración del producto final y demuestra que con poco presupuesto y accesorios de segunda mano puede darle vida a un nuevo equipo para trabajar, hacer las tareas o jugar.

Víctor Sánchez le confió a la periodista:

-Más allá de hacer los videos, lo que yo busco es incentivar a las personas a que puedan crear o reparar algo si hacen el esfuerzo y le ponen ganas. Así como yo lo hago y les explico cómo se hace, ellos también pueden lograrlo y dejar de lado las excusas por no tener dinero.

¿Cómo empezó? Cuando comenzó a compartir contenido en su canal de YouTube por la necesidad de tener más almacenamiento para guardar fotos y videos de los retratos que había realizado para sobrevivir durante la pandemia después de perder su empleo en Lima.

Él no tenía dinero para comprar equipos nuevos de almacenamiento, así que empezó a recorrer las cachinas y consiguió piezas para armar una PC y se sorprendió de cómo con tan poco dinero consiguió crear un dispositivo funcional.

Fue así como decidió compartir ese conocimiento a través de las plataformas digitales, pues cuenta que no quería quedarse con la información, ya que sabía que en Lima y en plena emergencia sanitaria, cientos de personas estudiaban y trabajaban de forma virtual y muchas familias no tenían los recursos suficientes para adquirir una computadora nueva.

"En mi casa cuando se dañaba algo mi padre siempre me llamaba para enseñarme cómo se arreglaba. Él fue el que despertó esa curiosidad en mí por reparar y darle una nueva vida a equipos y artefactos antes de lanzarlos a la basura", contó Víctor Sánchez para El Diario.

La periodista continuó:

-Su canal de YouTube empezó a acumular cada día más seguidores con este tipo de contenido que era casi nulo en el país andino. Uno de sus videos con más reproducciones alcanzó 286.893 visualizaciones, en él explica cómo armó una PC gamer con productos de Tacora, la cachina más grande de Perú.

El joven venezolano publica dos videos a la semana y confiesa que la carrera de Ingeniería Civil, que estudió en la Universidad Territorial Deltaica Francisco Tamayo en Venezuela, lo ayuda a fortalecer el ingenio y la creatividad cuando se le ocurre una idea. Desde que llegó a Lima tenía claro que no ejercería su profesión, ya que revalidar sus documentos universitarios es un trámite costoso que no estaba entre sus prioridades.

Luego apuntó:

-Víctor Sánchez se caracteriza por su humildad, sus seguidores aplauden la iniciativa que tomó meses atrás de ayudar a otras personas a adquirir equipos que ellos no pueden pagar. Los videos más pedidos por sus seguidores son en los que sorprende a los suscriptores de su canal al regalarle computadoras, sillas gamer y otros artículos creados o reparados por él.

Él también realiza sorteos para interactuar más con su audiencia y regalar sus creaciones. En muchas ocasiones las piezas son donadas por la comunidad que creó en esta red social.

Uno de sus seguidores escribió:

-Yo lo veo porque quiero aprender eso con la edad que tengo (14), no cuento con el dinero suficiente, pero ya armaría una computadora con material de provecho. "Víctor es simplemente un genio, un crack, lo que más me gusta es la dedicación y la pasión que le pone a cada cosa que ha traído al canal, eres mi ídolo por la creatividad que le pones a cada cosa, simplemente un maestro.

EPÍLOGO

-La migración de venezolanos hacia el exterior, especialmente hacia Estados Unidos y algunos países de América Latina no cesa, a pesar de las trabas legales y los peligros inmersos en ella, sencillamente porque las causas de la diáspora, el régimen delincuencial encabezado por Nicolás Maduro como expresión del socialismo del siglo XXI, en vez de crear condiciones óptimas de vida para evitarla o minimizarla las envilece con salarios de hambre, persecución contra quienes la adversan, malversación y crímenes de lesa humanidad.

-El impacto mayor de la diáspora lo ha experimentado Colombia, que ha acogido a 2.894.593 venezolanos según un corte del servicio de Migración de ese país en octubre de 2022.

-El estancamiento económico, según el sociólogo Tomás Páez, autor del libro La Voz de la Diáspora, ha traído como consecuencia el crecimiento del éxodo, que para abril de 2023 ascendía a 8.200.000 venezolanos. "Tenemos –afirmó- 6 meses en estancamiento económico y la gente necesita sobrevivir, tenemos problemas de servicio y eso augura que la diáspora no dejará de crecer".

-En Trinidad y Tobago, según denunciaron en julio de 2023 ACNUR, Amnistía Internacional y la activista Yesena González un grupo de 200 venezolanos se encuentra detenido en Trinidad y Tobago desde el 9 de ese mes, sin acceso a agua, comida ni instalaciones básicas para dormir o asearse.

-Hasta finales de julio de 2023 –afirmó un despacho de EFE- más de 67 mil 92 migrantes venezolanos cruzaron Honduras rumbo a Estados Unidos.

En ese país, un paso obligado de migrantes latinoamericanos, africanos y asiáticos, los migrantes sufren muchos atropellos, principalmente en el cobro ilegal del transporte interurbano, o de agentes policiales, de acuerdo con el Comisionado Nacional de Derechos Humanos (CONADEH).

-El 25 de julio de 2023, la Policía Nacional del Perú encontró a 573 víctimas de trata de personas, 67 de ellas menores de edad, que eran sometidas a explotación sexual y detuvo a un centenar de presuntos responsables, al cabo de dos semanas de operativos en Lima y otras regiones del país, informaron este martes sus portavoces.

El jefe de la Dirección contra la Trata de Personas y Tráfico ilícito de Migrantes de dicho cuerpo policial, general Carlos Malaver, informó a la agencia estatal Andina que las víctimas de siete bandas dedicadas a ese delito fueron rescatadas desde el 14 del mismo mes, procediéndose a la detención de 106 traficantes de personas.

Por su parte, el jefe de la Dirección de Investigación Criminal, general Luis Flores, declaró a RPP Noticias que algunas de las bandas desarticuladas tienen vinculación con la conocida organización criminal llamada el Tren de Aragua, procedente de Venezuela.

Igualmente señaló que a las víctimas rescatadas en el distrito de San Juan de Lurigancho les están cobrando para traerlas desde Venezuela al Perú, entre 15 y 20 mil soles (4 mil 100 a 5 mil 500 dólares) y una vez que llegan acá, son sometidas a los bajos instintos, a los trabajos sexuales, a la explotación sexual.

También indicó que la forma de captar a las víctimas es a través de las falsas ofertas de empleo, la seducción, las falsas identidades por Internet y las redes sociales, entre otras.

-El 18 de julio de 2023 el portal Caiga Quien Caiga, con información de CNN, denunció que el Gobierno de Texas, del republicano Greg Abbott, está ordenando a soldados y médicos a empujar a inmigrantes al Río Grande, a fin de que vuelvan a México, y que estas acciones ya tienen consecuencias fatales y ha dejado heridos de gravedad.

-El 26 de julio de ese año, la agencia de noticias EFE informó que 8.993 venezolanos de origen sefardí habían recibido la nacionalidad española.

-La llegada de migrantes venezolanos que arriban a la frontera sur de México, con el objetivo de llegar a Estados

Unidos, aumentó 150% en 2022, un porcentaje que se ha sostenido en los últimos tres años, según informó a EFE el director del Centro de Dignificación Humana (CDH), Luis Rey García Villagrán, quien recordó que los migrantes de Venezuela comenzaron a llegar a México desde 2017 y a partir de ese año su llegada a territorio mexicano fue en aumento y se ha sostenido.

-En julio de 2023 el Instituto Nacional de Migración (INM) rescató en diferentes operativos a 70 migrantes venezolanos abandonados en México, informó el diario 2001.

-El 24 de julio de ese año, según informó el periodista Enrique Suárez, de El Impulso, el Departamento de Estado de Estados Unidos emitió una alerta sobre la explotación laboral y sexual de los migrantes venezolanos en Aruba y Curazao.

cicune.org

EL AUTOR

Eladio Rodulfo González, quien firma su obra en prosa o en verso con los dos apellidos, nació en el caserío Marabal, convertido después en parroquia homónima del Municipio Mariño, Estado Sucre, Venezuela.

Su nacimiento se produjo el 18 de febrero de 1935. Es licenciado en Periodismo de la Universidad Central de Venezuela, trabajador social, poeta e investigador cultural.

En los primeros años de su vida fue dependiente en la bodega del padre, obrero petrolero de la empresa Creole Petroleum Corporation en Lagunillas, Estado Zulia, localidad donde inició el bachillerato en el Colegio Santa Rosa de Lima, que continuó en los liceos Alcázar y Juan Vicente González y la Escuela Nacional de Trabajo Social, ambas instituciones situadas en Caracas. También fue cofundador de la División de Menores del extinto Cuerpo Técnico de Policía Judicial y de la Seccional Nueva Esparta del Colegio Nacional de Periodistas, donde integró el directorio en varias secretarías y además presidió el Instituto de Previsión Social del Periodista.

En la extinta Escuela de Periodismo de la Universidad Central de Venezuela, transformada en Escuela de Comunicación Social después, el 9 de octubre de 1969 obtuvo el título de licenciado en Periodismo. Más tarde realizó un posgrado en Administración Pública, mención Organización y Métodos, y un curso de Investigación de Investigación Cultural. Asimismo, hizo cursos policiales en Washington, D.C. y en Fort Bragg, Carolina del Norte.

Ha publicado los siguientes libros:

I. Prosa

-La desaparición de menores en Venezuela, citado por Julio Cortázar en La vuelta al día en 80 mundos.

-Los problemas alimentarios del menor venezolano.

-El Padre Gabriel.
-Colaboradores del gobernador.
-Margarita Moderna.
-Siempre Narváez.
-Margarita y sus personajes (5 vols.)
-Caracas sí es gobernable.
-Así se transformó Margarita.
-Breviario neoespartano.
-Patrimonio Cultural Mariñense.
-Festividades Patronales Mariñenses
-Manifestaciones culturales populares del Municipio Marcano.
-Festividades patronales del Municipio Villalba.
-Festividades patronales del Municipio Antolín del Campo.
-Manifestaciones culturales populares del Municipio Gómez.
-La mujer margariteña.
-Manifestaciones culturales populares de la Isla de Coche.
-El asesinato de Óscar Pérez
-El asesinato del Capitán de Corbeta Rafael Acosta Arévalo.
-El asesinato de Fernando Albán.
-Festividades Navideñas.
-Morel: Política y Gobierno.
-Niños maltratados.
-El deterioro de la salud en el socialismo del siglo XXI.
-Dos localidades del Estado Sucre.
-Háblame de Pedro Luis.
-Estado Nueva Esparta 1990-1994.
-Chávez no fue bolivariano.
-Rómulo Betancourt: Más de medio siglo de historia.
-Los ojos apagados de Rufo.
-Festividades patronales del Estado Nueva Esparta.
-La Hemeroteca Loca (6 volúmenes).

-Nuestra Señora de Los Ángeles, patrona de Los Millanes.
-Pelea de gallos.
-El gallo en el arte, la literatura y la cultura popular.
-Carlos Mata: luchador social.
-Vida y obra de Jesús Manuel Subero.
-Breviario Neoespartano.
-Cuatro periodistas margariteños.
-Francisco Lárez Granado El Poeta del Mar.
-Textos periodísticos escogidos (2 vols.).
-Cristo en la devoción religiosa católica neoespartana.
-La historia de Acción Democrática en tres reportajes periodísticos.
-La Virgen María en la devoción religiosa de Margarita y Coche.
-Festividades patronales del Municipio García del Estado Nueva Esparta, Venezuela.
-La guerra del dictador Nicolás Maduro contra comunicadores sociales y medios desde enero hasta mayo de 2018.
-La Quema del Año Viejo en América Latina.
-La Quema de Judas en Venezuela, 2013-2014.
-La Quema de Judas en Venezuela.
-La Quema de Judas en Venezuela, 2015.
-La Quema de Judas en Venezuela, 2016.
-La Quema de Judas en Venezuela (2017-2018).
-Catorce años de periodismo margariteño.
-Grandes compositores del bolero.
-Grandes intérpretes del bolero.
-El Bolero en América Latina.
-El Bolero en Venezuela.
-La guerra asimétrica del dictador Hugo Chávez contra comunicadores sociales y medios desde 1999 hasta 2003.
-La guerra asimétrica del dictador Hugo Chávez contra comunicadores sociales y medios 2004.
-La guerra asimétrica del dictador Hugo Chávez contra comunicadores sociales y medios 2005.

-La guerra asimétrica del dictador Hugo Chávez contra comunicadores sociales y medios 2006.
-La guerra asimétrica del dictador Hugo Chávez contra comunicadores sociales y medios 2007.
-La guerra asimétrica del dictador Hugo Chávez contra comunicadores sociales y medios 2008.
-La guerra asimétrica del dictador Hugo Chávez contra comunicadores sociales y medios 2009.
-Imprenta y Periodismo en Costa Rica.
-Gobernadores contemporáneos del Estado Nueva Esparta.
-Marabal de mis amores.
-Hemeroteca: Periodismo Moderno neoespartano.
-Historia de los primeros periódicos de América Latina.
-La libertad de prensa en Venezuela.
Los indígenas en el socialismo del siglo XXI.
La corrupción en el socialismo del siglo XXI (3 volúmenes).
Los presos del narcodictador Nicolás Maduro (4 volúmenes).
Morir en el socialismo del siglo XXI (5 volúmenes)
La Barbarie Represiva de la Narcodictadura de Nicolás Maduro (5 Volúmenes)
La Diáspora en el Socialismo del Siglo XXI, Tomos I, II, III y IV
II. Poesía
Antología Poética.
Elegía a Juan Ramón Jiménez, ganador de un premio nacional de poesía convocado por el Liceo Andrés Bello, de Caracas
Covacha de sueños.
- ¡Cómo dueles, Venezuela!
-A Briceida en Australia (tríptico).
-Elevación (tríptico).
-Divagaciones (tríptico).
-Nostalgia (tríptico).

-Entre sueños.
-Mosaicos Líricos.
-Elegía a mi hermana Alcides.
-Cien sonetillos.
-Alegría y tristeza.
-Encuentros y Extravíos.
-Ofrenda Lírica a Briceida.
-Guarumal.
-Primera Antología de poemas comentados y destacados.
-Segunda Antología de poemas comentados y destacados.
-Tercera Antología de poemas comentados y destacados.
-Brevedades Líricas.
-Cuarta Antología de poemas comentados y destacados.
-Poemas disparatados.
-La niña de Marabal.
-La niña de El Samán.
-Añoranza y otros poemas escogidos.
-Incógnita.
-Noche y otros poemas breves.
-Mis mejores poemas.
-Cuitas a la amada.
-Poesía Política.
-Poemas Políticos.

Página Web: cicune.org
Twitter: @mauritoydaniel
Email: cicune@gmail.com

www.ingramcontent.com/pod-product-compliance
Lightning Source LLC
LaVergne TN
LVHW051038070526
838201LV00066B/4848